HISTOIRE

DE

LA FÈVE DE CALABAR

Paris. — Imp. PILLET fils aîné, rue des Grands-Augustins, 5.

HISTOIRE

DE LA

FÈVE DE CALABAR

PAR

ÉDOUARD TISON

DOCTEUR EN MÉDECINE

Membre de la Société linnéenne de Paris

Élève de l'École pratique des Hautes-Études

PARIS

A. DELAHAYE, LIBRAIRE-ÉDITEUR

PLACE DE L'ÉCOLE-DE-MÉDECINE

1873

AVANT-PROPOS

En 1846, le docteur Daniel (1) faisait connaître à la Société ethnologique de Londres que les indigènes du Vieux-Calabar employent, comme moyen judiciaire, une plante qui souvent détermine la mort assez promptement.

En 1854, le missionnaire Waddell, après bien des dificultés, apprend que cette plante se nomme *Eseré* dans la langue des indigènes, et il est assez heureux pour en rapporter quelques graines, appelées depuis *Fèves de Calabar,* au docteur Christison (2) qui en constate les propriétés toxiques.

En 1860, le professeur Balfour (3), d'Edimbourg, grace à des échantillons envoyés par les missionnaires, étudie les caractères botaniques de l'*Eseré* et détermine sa place dans la classification.

En 1862, le docteur Fraser (4) annonce dans sa

(1) On the natives of old Calabar, west cost of Africa, in Journ. of Ethn. Soc. of London I, 28 janvier 1846.

(2) Soc. roy. d'Edimb., 1855.

(3) In Trans. roy. Soc., of Edinb., XXII, 310, t. 16, 17.

(4) On the charact., act., etc., of the Ordeal Bean of Calabar, thèse, Edimb., 1862.

thèse inaugurale, que la Fève de Calabar possède la propriété remarquable de faire contracter la pupille. Cette découverte importante est le point de départ de nombreuses expérimentations physiologiques et thérapeutiques, d'abord en Angleterre et bientôt après sur le continent. Ces expérimentations se continuent encore de nos jours.

En 1864, MM. Jobst et Hesse (1) disent avoir trouvé dans l'extrait alcoolique de la Fève de Calabar le principe actif du médicament, la *Physostigmine.* Mais cette substance n'est point un alcaloïde; c'est un produit impur, incristallisable, amorphe, une sorte d'extrait plus concentré qui possède à un haut degré les propriétés toxiques et antimydriatiques de la Fève de Calabar.

En 1865, M. Vée (2) est assez heureux, en suivant le procédé de Stas, pour obtenir ce principe actif à l'état cristallisé et reconnaître que c'est un *alcaloïde.* Il le nomme avec raison *Esérine,* nom moins sujet à varier que celui de *Physostigmine* ou *Calabarine,* et qui indique la différence essentielle de ce produit avec le précédent qu'on trouve encore quelquefois dans le commerce sous le nom d'*Esérine pure.* M. Vée constate en même temps que l'*Esérine* possède toutes les propriétés de la Fève de Calabar.

(1) Ann. der Chemie und Pharmacie, CXIX, 115 (en extrait dans le Journal de Pharmacie et de Chimie, mars 1864).

(2) Recherches chimiques et physiologiques sur la Fève de Calabar, thèses de Paris, 1865.

En 1867, M. Hesse (1) détermine la formule de l'Esérine, qu'il n'a pas cependant obtenue à l'état cristallisé.

En 1870, M. le professeur Baillon (2), grâce à des fleurs conservées dans l'alcool, qui lui sont envoyées par M. Balfour, publie une analyse plus exacte de la fleur, analyse accompagnée de dessins d'après nature.

Notre but, en entreprenant ce travail, a été de faire connaître avec plus de détails l'histoire botanique de la Fève de Calabar et son anatomie. Nous avons fait en même temps des recherches spéciales su la localisation anatomique du principe actif l'Esérine.

Cette thèse comprend six chapitres:

I. — Botanique.
II. — Chimie.
III. — Pharmacologie.
IV. — Physiologie.
V. — Thérapeutique.
VI. — Toxicologie.

(1) Ann. der Chem. und Pharm., CXLI, 82 (Nouv. sér., LXV), janvier 1867.

(2) Histoire des Plantes, II, 241, fig. 153, 154, 155.

HISTOIRE

DE

LA FÈVE DE CALABAR

CHAPITRE PREMIER.

BOTANIQUE.

§ 1. — Description de la plante.

La plante qui produit la Fève de Calabar, a reçu de M. Balfour le nom de *Physostigma venenosum*. Il en a parfaitement reconnu les affinités naturelles et il l'a placée dans la tribu des Phaséolées, de la sous-famille des Papilionacées, dans la famille des Légumineuses; manière de voir qui a été suivie par tous les botanistes qui se sont occupés depuis du même sujet, et notamment par MM. Bentham et Hooker, et par M. Baillon. Une étude détaillée de la plante nous a montré la justesse de cette opinion; les matériaux ne nous ont point manqué ; la plante existe vivante au Jardin botanique de la Faculté; M. Baillon nous a communiqué les fleurs conservées dans l'alcool que lui avait envoyées autrefois M. Balfour; un fruit existe à l'Ecole de Pharmacie, où M. G. Planchon l'a mis à notre disposition; et les graines se trouvent abondamment dans le commerce.

Le genre *Physostigma* a les fleurs analogues à celles des Haricots. Elles sont irrégulières, hermaphrodites et résupinées. Leur réceptacle légèrement concave est tapissé intérieurement d'un disque glanduleux, qui se relève autour du pied du gynécée en un étui cylindro-conique, irrégulièrement sillonné et présentant dix crénelures à son bord supérieur qui est obliquement tronqué. Le calice s'insère sur les bords de la coupe réceptaculaire. Il est épais, gamosépale, divisé supérieurement en cinq dents, courtes et imbriquées dans la préfloraison, de telle sorte que l'antérieure recouvre les deux latérales et celles-ci, les deux postérieures. Ces dernières, qui répondent au pétale vexillaire, sont en outre connées dans une grande étendue. La corolle, fortement arquée dans le bouton, est papilionacée. L'étendard est ovale-orbiculaire, émarginé, recourbé à tel point que son extrémité touche presque le tube du calice, et ployé suivant sa longueur, de façon à embrasser le reste de la fleur dans ses deux moitiés. Il présente à sa base deux auricules latérales infléchies et, intérieurement sur la ligne médiane, un peu au-dessus de son insertion, un remarquable épaississement circulaire. Les ailes sont ovales-oblongues incurvées, libres et munies d'une auricule à l'union du limbe et de l'onglet. La carène est obovale, terminée par un rostre légèrement tordu en spirale. Chacun des pétales qui la forme présente vers sa partie inférieure un prolongement triangulaire qui forme un appendice par son union avec le voisin. L'androcée diplostémoné se compose de dix étamines, cinq superposées aux pétales, cinq aux sépales. Elles sont diadelphes; la vexillaire seule est libre et munie extérieurement d'un appendice genouillé un peu au-dessus de son insertion. A ce même niveau, le tube androcéen présente un appendice analogue, mais un peu moins développé. Les anthères sont uniformes, biloculaires, introrses et déhiscentes longitudinalement par deux fentes. Le gynécée se compose d'un ovaire pauciovulé, supporté par un pied court entouré de la portion relevée du disque, et insensiblement atténué en un style très-long, s'épaississant peu à peu dans le bec de la carène et tordu avec elle. Après s'être ainsi renflé, le style s'amincit de nouveau, porte une ligne longitudinale de poils sur son bord postérieur et se termine par une extrémité légèrement globuleuse couverte de papilles stigmatiques. A ce niveau, le bord antérieur porte un appendice assez singulier. Il a la forme d'une lame aplatie, inégale, triangulaire, dépourvue de cavité. Cet appendice adhère au bord antérieur de l'extrémité du style, mais comme il n'est pas creux, il ne le coiffe pas et ne fait pas l'office de capuchon (1). L'ovaire contient deux ou trois ovules légèrement anatropes, descendant, avec le micropyle supérieur et extérieur, et le raphé court, mais apparent, situé du côté du placenta. Le fruit est une gousse volumineuse, linéaire-oblongue, légèrement aplatie, atténuée à ses deux extrémités et déhiscente en deux valves convexes qui se tordent légèrement par la dessication. Elle contient deux ou trois graines, plus ou moins séparées par une mince cloison transversale. Ces graines, ovoïdes-oblongues, peu comprimées, plus ou moins arquées, présentent sur leur bord convexe un long hile linéaire qui occupe près de la moitié de la circonférence. Le bord opposé au hile est plus ou moins concave. Le tégument, épais, dur, luisant, presque lisse ou légèrement chagriné, d'un brun plus ou moins foncé, renferme un embryon charnu, épais, ovoïde à radicule accombante. Il n'y a pas d'albumen.

On ne connaît encore qu'une seule espèce de ce genre, c'est le *Physostigma venenosum* Balf., la plante qui donne la Fève de Calabar. C'est une herbe, sous-frutescente à la base, volubile, s'enroulant de droite à gauche comme les Haricots. Elle atteint de grandes dimensions, environ quinze mètres de longueur et environ cinq centimètres d'épaisseur à la

(1) Le nom de *Physostigma* (φυσαω j'enfle, στιγμα stigmate), qui signifie littéralement stigmate enflé ou vésiculeux, repose donc sur une erreur d'observation. Cet appendice, se développant très-tardivement et longtemps après le stigmaie, ne peut avoir une grande importance physiologique.

base. Elle porte des feuilles alternes, trifoliolées, accompagnées de stipules latérales caduques. Le pétiole, long de cinq à huit centimètres, est renflé, arrondi et comme articulé à la base sur une étendue de cinq à six millimètres ; au-delà il s'atténue légèrement, est arrondi en dessous, canaliculé en dessus. Il donne naissance à trois pétiolules, arrondis, longs de trois à quatre millimètres. Les deux latéraux sont accompagnés chacun d'une stipelle, tandis que le terminal en a deux. Ces pétiolules portent chacun une foliole. La médiane, beaucoup plus développée que les deux latérales, est ovale-acuminée, penninerve et triplinerve à la base, à bords entiers légèrement ondulés, large de six à huit centimètres, longue de neuf à douze. Les deux latérales presque de même forme que la précédente, mais de dimensions plus petites, sont légèrement insymétriques. Ces trois folioles sont complétement glabres sur les deux faces ainsi que les pétioles. De la tige cylindrique, rugueuse, grisâtre, s'écoule, dit-on, une espèce de gomme rougeâtre, dont la couleur se fonce par la dessication, et les racines portent de distance en distance des petits renflements tuberculeux. Nous n'avons pu constater par nous-mêmes, ces deux caractères, qu'on retrouve dans beaucoup d'autres Légumineuses.

Les fleurs, longues de deux à trois centimètres, larges d'un et demi, sont roses avec de magnifiques veines purpurines (Vincent). Elles sont disposées en grappes simples, axillaires, lâches, pendantes et brièvement pédonculées. Les pédicelles courts et glabres prennent naissance deux ou trois ensemble sur des tubercules charnus, arrondis, portés par l'axe principal de l'inflorescence qui est tout en zig-zag. L'étendard est très-développé ; en même temps qu'il est plié longitudinalement, de manière à embrasser le reste de la fleur dans ses deux moitiés, il forme une gracieuse courbure qui permet à son extrémité de venir presque au contact du calice. Le fruit est une gousse linéaire-oblongue, atténuée à ses deux extrémités, de couleur bleuâtre, à valves convexes, striées, rugueuses sur leur surface externe, lisses à leur surface interne qui présente dans l'intervalle des graines un tissu cellulaire blanchâtre. Sa longueur varie de douze à quinze centimètres. Ce fruit est extrêmement rare en Europe. Nous ne connaissons en France que celui de l'Ecole de Pharmacie, rapporté en 1871 par M. Vincent, médecin de première classe de la marine. En voici la description. Ce fruit ouvert, et dont les graines sont détachées, est supporté par un pédoncule d'environ un centimètre, inséré sur un tubercule globuleux d'environ quatre à cinq millimètres de diamètre. C'est une gousse linéaire-oblongue, atténuée à sa base et terminée en pointe à l'autre extrémité. Les valves sont convexes, légèrement tordues par la dessication, et épaisses d'un millimètre et demi à deux millimètres. Elle est longue de quinze centimètres, large de vingt-six à vingt-huit millimètres. La surface du péricarpe n'est plus entière ; on dirait que cette gousse a macéré ou a subi une altération quelconque, car elle présente de nombreuses crevasses transversales et plus ou moins irrégulières, allant d'un bord à l'autre des valves. Ces crevasses sont réunies par des ponts de la substance entière du mésocarpe ou simplement par des réseaux de nervures. L'épicarpe, qui manque en beaucoup d'endroits, a la forme d'une membrane assez mince, d'un aspect brun presque noir. Le mésocarpe forme deux couches assez distinctes, l'une superficielle, constituée en grande partie par un riche réseau de nervures transversales emprisonnant un peu de parenchyme entre leurs mailles, l'autre profonde, mince, desséchée et parsemée de points gris et noirs. Ces trois parties, l'épicarpe et les deux couches de l'endocarpe, sont réunies por deux grosses nervures longitudinales qui occupent les bords de chaque valve. Toute leur épaisseur est traversée par les crevasses qui s'arrêtent à l'endocarpe. Celui-ci est jaunâtre, résistant, parcheminé ; sa surface extérieure, celle par laquelle il est uni au mésocarpe, est inégale et légèrement rugueuse. La face intérieure, celle qui est en rapport avec les graines, est lisse et recouverte d'une couche blanche et spongieuse, inégalement déposée, et qui formait les rudiments des fausses-cloisons qui séparaient les graines. Celles-ci, au nombre de deux, sont ovales-oblongues, légèrement cylindriques, longues de trente-sept à trente-huit millimètres, larges de seize à dix-huit, épaisses de huit à dix. Elles sont légèrement arquées dans le sens de leur longueur. Leurs extrémités sont arrondies, mais dissemblables; celle qui se trouve du côté du micropyle est plus petite que l'autre. Les deux bords sont, l'un convexe, l'autre concave. Ce dernier ne présente rien de particulier. Le bord convexe porte le hile et le micropyle. Le hile occupe presque toute la longueur de ce bord; il a la forme d'un étroit ruban noir, long d'environ quatre centimètres, large de deux millimètres. Tout autour, les bords des téguments se relèvent en s'arrondissant et forment ainsi un canal entouré de toutes parts, dont le hile occupe le fond. Dans son milieu, il est parcouru par une ligne longitudinale, de couleur moins foncée que le reste, et qui le divise en deux bandes longitudinales parfaitement symétriques. A un faible grossissement, cette ligne de démarcation apparaît sous forme d'une petite fente, car elle possède deux bords et un interstice. C'est à l'extrémité de cette fente, du côté de la petite extrémité de la graine, que se trouve le micropyle. Il est séparé du reste du hile par un petit pont de testa, et occupe le fond d'une petite cavité. A un faible grossissement, ce micropyle se présente ordinairement sous la forme d'une étoile à trois branches. Il s'en faut de beaucoup que toutes les Fèves de Calabar que l'on trouve dans le commerce aient l'apparence, les formes et les dimensions de celles que nous venons de décrire, et qui se trouvaient dans le fruit de l'École de Pharmacie. Il y a, sous ce rapport, d'assez grandes différences, qui n'empêchent pas toutefois de reconnaître les principaux caractères précédents.

Ces graines ont une longueur à peu près double de leur largeur. Il n'est pas rare d'en rencontrer chez lesquelles la longueur excède peu la largeur ; la longueur elle-même varie, dans les échantillons que nous avons pu recueillir, de deux à quatre centimètres. La largeur varie un peu moins, ainsi que l'épaisseur. Ce qui reste constant, c'est la forme du hile, que l'on trouve toujours sur le bord convexe de la graine, tandis que le bord opposé, souvent arqué, peut être tout à fait rectiligne. La coloration du tégument varie du brun châtain au noir très-foncé. Cette différence de coloration ne tiendrait-elle pas au temps plus ou moins long depuis lequel les graines sont récoltées, ou à une immersion plus ou moins prolongée dans l'eau? On sait, en effet, qu'au vieux Calabar, les magistrats, après avoir conservé les graines dont ils ont besoin pour rendre la justice pendant l'année, jettent le reste à la rivière, et que ce sont en partie ces graines repêchées qui arrivent en Europe. Sous ces téguments, qui sont au nombre de trois, se trouve un gros embryon qui a à peu près la forme de la graine. Il est ovoïde, plus ou moins allongé. La radicule, petite et accombante, à peine courbée, se dirige du côté du micropyle ; la tigelle et la gemmule sont également fort petites. Les cotylédons, charnus et féculents, sont convexes-concaves, laissant toujours entre eux une cavité lenticulaire, due à la dessication; car sur les graines fraîches, les cotylédons sont plans et parfaitement appliqués l'un contre l'autre. Ces cotylédons ont une odeur et une saveur faiblement vireuse, mais qui n'a rien de bien désagréable, puisque, malheureusement, on a déjà vu plusieurs personnes en manger sans répugnance.

Le *Physostigma venenosum* croît près des cours d'eau, dans les lieux humides et marécageux. On avait cru, jusqu'à présent, qu'il ne se trouvait que dans la Haute-Guinée et au Vieux-Calabar; mais, dans une note très-intéressante, M. Vincent (1) nous a appris que cette plante occupait une aire géographique beaucoup plus étendue. Déjà, en 1866, M. le docteur Méry, médecin de la marine, en avait constaté la présence au Gabon, dans les possessions françaises, non loin des bords des rivières *Como* et *Rhamboe,* qui se jettent dans l'estuaire du Gabon. D'après M. Vincent, « il y en a également en abondance sur les rives de l'*Ogo-Wai,* fleuve imparfaitement connu, et il doit y en avoir sur les bords de toutes les rivières qui viennent se déverser dans l'Atlantique équatorial, depuis le Vieux-Calabar, au nord, jusqu'au cap Lopez, au sud. » En *m' Longwé,* les Gabonais la désignent sous le nom de *n' Chogo.* Les *Faus* ou *Pahouins,* tribu très-guerrière, l'appellent *Itounda.*

(1) Journal de Pharmacie et de Chimie, XV, 1872; sur la Fève d'épreuve du Calabar.

De vagues soupçons nous portent à croire que cette plante se retrouve en Amérique. Le docteur Navarro pense qu'elle existe dans l'île de Cuba; mais il n'en apporte aucune preuve.

En attendant des renseignements plus précis, il serait très-intéressant de savoir de quel point on tire la grande quantité de Fèves que l'on trouve dans le commerce, et comment il se fait que ces graines, si rares autrefois, et qui coûtaient plus de mille francs le kilogramme, soient devenues si communes aujourd'hui, et se vendent de quatre à cinq francs le même poids. On n'en est donc plus réduit à recueillir le surplus de la récolte que le roi du Vieux-Calabar faisait jeter à la rivière.

§ 2. — Anatomie.

1° Graine. — La Fève de Calabar est composée de téguments ou spermoderme et d'un embryon. Étudions-les séparément.

a. *Téguments.* — Les téguments sont au nombre de trois. Le plus extérieur, le testa, est dur, très-résistant, plus ou moins luisant et chagriné sur sa surface extérieure. Il enveloppe complétement la graine, excepté au niveau du micropyle et de la fente longitudinale du hile, où il est interrompu. Il est complétement extérieur, excepté sur la surface du hile où il est recouvert par deux bandes longitudinales très-brunes, qui forment la cicatrice du hile. Ces deux bandes sont encore plus dures et plus résistantes que le testa; l'instrument tranchant les entame difficilement. Nous les appellerons, pour la commodité de la description, *bandes cornées* du hile, à cause de leur apparence quand on les coupe. Par sa face profonde, le testa adhère à une deuxième couche, d'un brun-rougeâtre, et qui a une épaisseur très-variable suivant les différents points de la graine où on l'examine. Sur la face opposée au hile et sur une grande partie de la graine, son épaisseur est à peine aussi considérable que celle du testa; mais au niveau du hile cette épaisseur est cinq ou six fois plus considérable. En cet endroit, juste au niveau de la fente longitudinale du hile, se trouve un cordon blanchâtre, plongé presque entièrement dans cette couche. Ce cordon, dont la coupe transversale est elliptique, a la même longueur que la fente du hile dont il forme le fond, et c'est sur lui que viennent se terminer en mourant et le testa et la bande cornée qui en forment les lèvres. La troisième couche, beaucoup plus mince que les deux précédentes, apparaît sous la forme d'une ligne noire. Elle est adhérente aux cotylédons.

Si maintenant nous plaçons sur le porte-objet du microscope des tranches minces de ces différentes couches faites dans des directions variées, nous constaterons qu'elles ont la structure et la composition suivante :

Bande cornée du hile. — Cette couche est formée d'éléments tubuleux, plus ou moins cylindriques et réguliers, accolés parallèlement les uns aux autres et placés perpendiculairement à la surface de la graine. Ces éléments ont une paroi extrêmement épaisse, formée de nombreuses couches concentriques circonscrivant une petite cavité qui, sur une coupe transversale, est tantôt circulaire, tantôt ovale, ou plus ou moins triangulaire. La pression réciproque a peu déformé ces éléments, car leur coupe transversale est plus ou moins régulièrement circulaire, elliptique ou ovoïde.

Testa. — Le testa offre une structure qui se rapproche beaucoup de la précédente. Elle est formée d'éléments prismatiques plus ou moins réguliers, accolés parallèlement les uns aux autres, et placés perpendiculairement à la surface de la graine. Leur paroi, extrêmement épaisse, remplit toute la cavité; car celle-ci, sur une coupe transversale, se présente sous la forme d'une simple ligne singulièrement ramifiée. On dirait que la cavité de la cellule a été remplie par un certain nombre de petites colonnes plus ou moins prismatiques, dont l'intervalle donnerait cette ligne brisée, irrégulière et ramifiée que l'on voit sur les coupes transversales. La paroi de ces éléments ne paraît pas nettement formée de couches concentriques. C'est comme par exception que j'ai aperçu de ces couches.

Deuxième enveloppe. — La deuxième enveloppe

est formée d'éléments extrêmement irréguliers et dont l'intrication n'est pas facile à saisir. Ce sont des cellules très-irrégulièrement ramifiées, qui envoient des prolongements dans toutes les directions. C'est quelque chose d'analogue au tissu de la moelle des joncs, moins la régularité. Ces cellules ont des parois extrêmement épaisses, formées de deux substances de couleur différente, l'une centrale, d'un jaune rougeâtre, l'autre périphérique blanche, presque hyaline. Cette dernière est partout en contact avec elle-même ou avec la semblable des éléments voisins. La première, au contraire, est emprisonnée dans la précédente, et elle n'arrive jamais au contact de la substance semblable qui se trouve dans la cellule voisine. Ainsi, par exemple, dans une ramification, nous trouvons au centre la substance jaune-rougeâtre sous forme d'un petit bâton, et qui, avant de se terminer, se rétrécit un peu pour se renfler ensuite et présenter une extrémité en tête arrondie. La substance blanche enveloppe complétement celle-ci et s'avance un peu plus loin, à l'extrémité de la ramification. De la sorte, quand deux ramifications viennent au contact, c'est la substance blanche de l'une qui adhère à la substance blanche de l'autre, et les deux têtes arrondies qui terminent la substance jaune-rougeâtre se trouvent en regard l'une de l'autre, mais séparés par deux couches de substance blanche.

Le cordon blanchâtre qui forme le fond de la fente longitudinale du hile, a une structure toute différente. C'est un tissu très-serré, formé d'éléments assez petits. Ce sont des fibres courtes, fusiformes, dont la surface est irrégulièrement ponctuée ou réticulée. Quelle est la nature de ce cordon, son origine, ses fonctions ? Ces questions ne seront résolues que lorsqu'on en aura suivi le développement.

Cette étude est impossible actuellement sur la Fève de Calabar, à cause du manque de fleurs et de jeunes fruits. Mais nous croyons qu'on arrivera au même résultat en étudiant, au même point de vue le Haricot et surtout la Fève de marais (*Vicia Faba* L.). Son hile, également très-développé, présente un cordon blanchâtre dont la structure ressemble beaucoup à celle que nous venons de voir dans la Fève de Calabar, comme je m'en suis assuré par l'examen microscopique.

Troisième enveloppe. — La troisième enveloppe, très-peu épaisse et adhérente au tissu du cotylédon, est formée d'un petit nombre de cellules aplaties, serrées les unes contre les autres, et dont la cavité existe encore à peine.

b. *Embryon.* — La radicule, la tigelle et la gemmule sont tellement petites que l'embryon consiste, presque tout entier, dans les cotylédons. Ceux-ci sont oblongs ou légèrement ovoïdes, convexes sur la face externe et concaves sur la face interne, de sorte qu'ils circonscrivent entre eux deux une cavité lenticulaire assez grande, qui s'est formée pendant la dessication. Quand on place sous le microscope des coupes minces des cotylédons, on reconnaît que leur tissu est presque exclusivement cellulaire. Les cellules sont assez irrégulières, plus ou moins hexagonales, et de dimensions très-variables. Leurs parois, minces et parallèles, laissent souvent entre elles des petits méats triangulaires. L'intérieur des cellules est presque plein; aussi, pour bien voir les parois, faut-il fortement les laver pour enlever la majeure partie du contenu. Celui-ci est double, composé, pour une partie, d'une matière blanche, granuleuse, et pour l'autre, de grains d'amidon. Quand on ajoute à la préparation un peu de la liqueur iodée normale des botanistes (1), les grains d'amidon se teintent bientôt, puis deviennent violets, et enfin virent au bleu le plus intense ; la matière granuleuse devient, au contraire, complétement jaune. Cette matière granuleuse est donc de nature azotée ou protoplasmique.

Les grains d'amidon sont surtout remarquables par leur grande réfringence et leurs grandes dimensions, bien qu'il ne soit pas rare de rencontrer dans la même cellule des grains de toutes les grandeurs, de très-petits à côté de très-gros. Ces derniers sont ordinairement sphériques, quelquefois ovoïdes et rarement réniformes. Quelques-uns, au lieu d'être arrondis sur toute leur surface, en pré-

(1) Cette liqueur iodée normale se prépare en versant dans de l'eau distillée goutte à goutte de la teinture d'iode jusqu'à précipitation d'un peu d'iode.

sentent une partie plane, légèrement déchiquetée, et comme si elle provenait de la division d'un grain en deux morceaux. Quand ils se trouvent dans une position favorable, les grains d'amidon laissent apercevoir des couches concentriques et un hile, soit sous forme d'une ligne longitudinale placée dans le sens du grand axe, soit, plus ordinairement, sous forme d'étoile. Dans les graines de petite dimension, cette étoile est ordinairement à trois rayons.

2° Tige. — Les tiges herbacées, les seules qu'il nous ait été possible d'examiner, nous ont présenté la structure générale des plantes dicotylédones. On y trouve en effet l'écorce, la moelle et le bois. L'écorce présente assez nettement ses quatre couches ordinaires : l'épiderme, la couche subéreuse, la couche herbacée et le liber. L'épiderme possède extérieurement une cuticule ; il est représenté par une ou deux rangées de cellules parallélipipédiques, non encore aplaties, et qui, à l'âge où nous les avons examinées, contenaient de petits grains de fécule. La couche subéreuse est beaucoup moins nettement représentée ; on ne la distingue même pas comme zone distincte entre l'épiderme et la couche herbacée. Celle-ci est, au contraire, très-développée ; elle se compose de cellules à section quadrangulaire ou plus ou moins polygonale ; les plus extérieures, celles qui sont du côté de l'épiderme, renferment des grains de fécule disséminés au milieu des grains de chlorophylle; mais au fur et à mesure qu'on s'avance vers le centre, la fécule diminue et la chlorophylle augmente, à tel point qu'on ne trouve plus que cette dernière substance dans les cellules intérieures de la couche. La zone des fibres libériennes divise manifestement cette couche en deux parties. Le liber est représenté par deux ou trois rangées de fibres réfractant fortement la lumière. Ces fibres ont une paroi épaisse, formée de couches concentriques et une cavité centrale fort petite. A la partie interne des fibres libériennes, la couche herbacée reparaît avec tous les caractères qu'elle a au côté externe.

La moelle est extrêmement abondante, elle se compose de cellules polyédriques, avec beaucoup de grains de fécule dans leur intérieur. Tout à fait au centre, ces cellules sont irrégulières, plus longues dans le sens transversal de la tige que dans le sens longitudinal. En outre, leur paroi est plus épaisse, légèrement jaunâtre et sinueuse. Vers la périphérie de la moelle, les cellules sont plus petites, plus longues que larges et très-régulièrement disposées les unes à côté des autres. La moelle est entourée par l'étui médullaire, formé d'une seule rangée de trachées déroulables, renforcé extérieurement de vaisseaux spiralés, disposés également sur une seule rangée.

Le bois est représenté par un petit nombre de fibres ponctuées, contenant dans leur cavité une grande quantité de grains d'amidon. Au milieu des fibres de bois se trouvent des vaisseaux dont les parois sont ordinairement aréolées. Mais ces aréoles ne sont pas circulaires, comme celles que l'on observe sur les fibres ligneuses de certaines Conifères, elles sont ordinairement ovales-elliptiques et moins régulièrement disposées. Quelquefois il arrive que le cercle extérieur de l'aréole est très-allongé transversalement et contient deux ponctuations dans son intérieur.

Le bois est réuni à l'écorce par la couche génératrice qui est très-développée à cet âge de la plante. Cette couche est formée de cellules très-petites, plus longues que larges, ayant leur plus grande direction dans le sens longitudinal de la tige. Malgré leur petitesse, ces cellules sont gorgées de grains de fécule.

3° Feuilles. — La structure des feuilles ne nous a offert aucune particularité remarquable. L'épiderme supérieur est lisse et dépourvu de stomates, comme c'est le cas le plus ordinaire dans les plantes. L'épiderme inférieur, également lisse et glabre, présente au contraire, d'assez nombreux stomates.

NOTA. Les graines du *Physostigma venenosum* germent assez souvent dans notre climat. Malheureusement celles que M. Baillon avait fait semer, pour nous permettre d'étudier les phénomènes de la germination, n'ont donné aucun résultat.

CHAPITRE II.

CHIMIE.

La science ne possède pas encore d'analyse méthodique de la Fève de Calabar. Néanmoins, les recherches nombreuses dont elle a été l'objet, nous permettent d'attirer l'attention sur les principes suivants.

D'après Christison, le premier qui se soit occupé de la Fève à ce point de vue, elle contient environ 1, 3 0/0 d'huile fixe, probablement inerte.

L'amidon décrit plus haut existe en très-grande quantité dans la Fève de Calabar, et c'est surtout lui qui compose la majeure partie du résidu quand on la traite par l'alcool pour l'extraction de l'Ésérine. M. Hanbury (*The Lancet*, II, 549, ann. 1863) a reconnu qu'en employant l'alcool en quantité convenable, on dépouille complétement les semences du principe toxique, car avec les résidus il a nourri des rats pendant plusieurs jours sans qu'ils en aient été incommodés.

La matière azotée se trouve également en grande abondance dans la Fève de Calabar; elle est renfermée dans les cellules de l'embryon, où elle existe sous forme de granulations blanches, se colorant en jaune par l'action de la liqueur iodée normale des botanistes. Cette matière azotée, probablement analogue à la Légumine, n'a été, je crois, l'objet d'aucune recherche spéciale.

La Fève de Calabar renferme une certaine quantité de *résine*. D'après les renseignements que M. Petit a bien voulu nous communiquer, cette résine serait soluble dans l'alcool à 90° et insoluble dans l'alcool à 70° ou 75°. Or, jusqu'à présent, on a employé pour l'extraction de l'Esérine de l'alcool fort qui dissolvait cette résine dont on a la plus grande peine à se débarrasser dans la suite des opérations. La remarque de M. Petit rendra donc plus facile l'extraction de cette substance si intéressante. Cette résine n'a pas été autrement étudiée, car on ne l'a jamais isolée avec soin. Il serait cependant à désirer que MM. Petit et Duquesnel qui préparent d'assez grandes quantités d'Esérine aient la pensée d'isoler cette matière dont on pourrait alors étudier les diverses propriétés.

Le produit le plus important de la Fève de Calabar est l'Esérine. M. Vée l'en a retirée en 1865. Elle y est fort peu abondante; car un kilogramme de fèves en donne un peu moins d'un gramme. Il est toutefois probable que les graines en renferment davantage et que le rendement sera plus considérable quand on sera plus familiarisé avec les procédés de préparation.

L'Esérine est un alcaloïde ; sa réaction est nettement alcaline. Voici ses propriétés telles qu'elles se trouvent mentionnées dans les différents auteurs et notamment dans la thèse de M. Vée (p. 13, 14). Nous avons tenu à constater par nous-mêmes la plus grande partie de ces propriétés. « L'Esérine pure est incolore; mais en raison de sa grande altérabilité au contact de l'air, il est très-difficile de l'obtenir sans une teinte rosée; ses cristaux sont des lames minces, de forme rhombique parfaitement régulière ou altérée par des modifications sur les angles obtus. Examinés au microscope, ils se colorent dans la lumière polarisée. Ils fondent à 69° (peut-être à une température moins élevée d'après l'une de nos expériences), et ils commencent à se décomposer à une température inférieure à 150°. Si on les chauffe au contact de l'air, ils s'enflamment et brûlent sans laisser de résidu. L'éther, le chloroforme, l'alcool amylique, la benzine, le sulfure de carbone la dissolvent facilement, l'alcool mieux encore. » La benzine, l'alcool amylique, le chloroforme l'enlèvent aux solutions alcalines, mais si peu aux solutions acides, qu'on ne peut constater sa présence que par sa réaction physiologique sur l'œil. L'eau en dissout peu (environ 1/300, d'après une expérience un peu grossière). Toutefois cette solubilité est assez grande pour qu'on ne puisse pas la précipiter par les alcalis dans les liqueurs étendues. Les solutions aqueuses rougissent toujours après une exposition plus ou moins longue à l'air.

L'Esérine se dissout dans les acides et forme des sels en les neutralisant. On connaît un peu le sulfate d'Esérine, qu'on obtient à l'état de cristaux et qu'on emploie en thérapeutique de préférence à l'Esérine parce qu'il est plus stable et moins sujet à se décomposer. Ce sel est très-hygrométrique.

Le chlorhydrate d'Esérine existe, mais n'a pas été étudié.

L'acétate d'Esérine aurait été obtenu par MM. Jobst et Hesse et laisserait précipiter des gouttelettes huileuses quand on le traite par les carbonates, les bicarbonates alcalins et l'ammoniaque. Ces gouttelettes se colorent en rouge en s'oxydant, mais plus lentement avec les bicarbonates (Hesse).

M. Duquesnel (*Bull. de Thérap.*, 15 sept. 1869), en faisant réagir le brome sur l'Esérine, a obtenu un produit magnifiquement cristallisé dont la composition n'est pas connue. Est-ce du bromure d'Esérine ou de l'Esérine bromée ? Mais, chose intéressante, M. Duquesnel a reconnu que ce produit agit sur la pupille exactement comme l'Esérine. On pourrait donc l'employer aux mêmes usages thérapeutiques.

M. Petit, en faisant agir l'iode sur l'Esérine, a obtenu également un produit qui cristallise en prismes, mais dont l'action sur la pupille n'a pas été expérimentée.

M. Hesse (in *Die Pflanzenstoffe in Chemicher*, etc., von *Aug. Husemann* und *Théod. Husemann*, Berlin, 1871), a donné la formule suivante de l'Esérine : $C^{15}H^{21}Az^{3}O^{2}$. Il l'a obtenue en faisant l'analyse de l'iodhydrate double d'Esérine et de mercure que l'on obtient en précipitant cet alcaloïde par l'iodure double de potassium et de mercure. Ce précipité est blanc, jaunissant à l'air, insoluble dans l'eau, mais soluble dans l'éther et dans l'alcool. Il cristallise, par évaporation de ces deux liquides, en petits prismes incolores, groupés concentriquement, fusibles à 70° et se figeant en une masse amorphe par refroidissement. L'iodhydrate double d'Esérine et de mercure, a pour formule : $C^{15}H^{21}Az^{3}O^{2}, HI, HgI^{2}$ (Hesse).

Ce qui est assez bien connu, c'est la grande facilité d'oxydation de l'Esérine, soit spontanément au contact de l'air, soit au contact des alcalis.

M. Petit (*Compt. rend. Acad. sc.*, LXXII, 1871) a indiqué le moyen d'obtenir une nouvelle matière colorante bleue, dérivée de l'Esérine. Voici comment se fait cette expérience, que M. Petit a bien voulu répéter devant nous : « On sature exactement l'Esérine, qui est une base énergique, par de l'acide sulfurique étendu. On ajoute un excès d'ammoniaque. La liqueur est mise au bain-marie, où elle devient successivement rouge-pâle, rouge, rouge-jaune, jaune-verte et enfin bleue. En évaporant à siccité, il reste une substance d'un bleu magnifique, soluble dans l'eau et l'alcool, cristallisant sous forme de prismes allongés, teignant fortement la soie en bleu sans l'intervention des mordants, tachant la peau, les ongles, etc. Sous l'influence des acides, la teinte bleue passe à une teinte violet-pourpre de très-belle nuance. La liqueur acide, filtrée avec soin, est violette et transparente par réfraction, tandis qu'elle paraît trouble et d'un rouge carmin par réflexion.

« En traitant directement l'Esérine par l'ammoniaque, sans saturation préalable par l'acide sulfurique, on obtient un résidu verdâtre, beaucoup moins soluble que le précédent, et donnant avec les acides une couleur rouge de vin par réfraction, et rouge brique par réflexion. »

D'après M. Petit, cette matière colorante bleue, facile à obtenir sous forme de cristaux bien définis, serait susceptible de caractériser l'Esérine dans des cas d'empoisonnement par cet alcaloïde. Dans les expériences faites avec M. Petit, dans le laboratoire de M. le professeur Béclard, nous avons constaté que le bleu d'Esérine, appliqué sur l'œil d'un lapin, n'avait aucune action antimydriatique, et qu'un centigramme injecté sous la peau du dos de ce même lapin n'a produit aucun phénomène particulier.

Dans un article inséré dans le *Bulletin de Thérapeutique* (30 juillet 1872), M. Duquesnel indique le procédé suivant pour obtenir à l'état cristallisé une matière colorante rouge, qui est, dit-il, le premier degré de l'oxydation de l'Esérine.

« Quand on traite, dit-il, l'Esérine, ou mieux un de ses sels, par un excès d'alcali (potasse, soude, etc.), on obtient d'abord un précipité blanc qui se redissout dans un petit excès d'eau, et peu à peu une coloration rouge qui prend rapidement, et surtout par l'agitation au contact de l'air, une grande intensité, pour passer, si l'action se prolonge assez longtemps, vingt-quatre heures et plus, au jaune, au vert et même souvent au bleu.

« Si au lieu de laisser se prolonger l'action de la potasse, lorsque la coloration rouge n'augmente plus d'intensité, on agite la liqueur à plusieurs reprises avec un excès de chloroforme, toute la matière colorante rouge passe dans le chloroforme et peut en être isolée par une distillation ménagée de ce véhicule.

« Elle se présente alors sous la forme d'une masse résineuse contenant quelques faisceaux de cristaux, visibles au microscope seulement. Mais si on vient à l'arroser avec une petite quantité d'éther, instantanément elle ne présente plus au microscope qu'une masse de cristaux en houppes déliées, cristaux prismatiques rouges, insolubles dans l'éther qui les débarrasse de l'Esérine en excès et presque non décomposée par la potasse qu'ils peuvent encore contenir, solubles au contraire dans l'eau, l'alcool et le chloroforme.

« Cette substance rouge que nous appellerons, jusqu'à ce que sa composition chimique nous soit connue, *Rubrésérine*, pour la distinguer de ses congénères, n'est que le premier degré d'oxydation de l'Esérine; car, en la traitant par l'ammoniaque diluée, qui la dissout, et évaporant cette solution à siccité, on obtient un résidu d'un bleu magnifique, tout à fait analogue à celui qui a été obtenu par notre confrère M. Petit, et se conduisant de même avec les acides, bleu qui paraît être le degré le plus avancé d'oxydation de l'Esérine.

« Cette matière jouerait le rôle d'alcaloïde, car elle précipite par les réactifs ordinaires des alcaloïdes : acide phosphomolybdique, iodure de potassium ioduré, iodure double de mercure et de potassium. Mais sa grande puissance colorante n'a pas permis de constater son alcalinité aux papiers colorés, si elle existe.

« La *Rubrésérine* est bien un produit d'oxydation, car elle enlève pour se former de l'oxygène à l'air, ainsi que nous avons pu nous en assurer en agitant de l'*Esérine* avec une solution de potasse dans un tube fermé, et peut être décolorée par l'action réductrice du pôle négatif d'un courant électrique provenant d'un élément de Bunsen, ou par un dégagement d'hydrogène naissant. Ne se forme-t-il pas, dans ce cas, par une réaction analogue à celle qui donne naissance à l'aniline, de l'Erésine reconstituée ou un autre alcaloïde? Desideratum facile à combler, lorsqu'on pourra opérer sur des quantités considérables de Rubrésérine. »

M. Duquesnel a, en outre, constaté que la Rubrésérine est dépourvue d'action toxique, quand on l'administre à la dose de cinq à dix centigrammes, soit par la bouche, soit par voie hypodermique. Ces expériences ont été faites sur des cochons d'Inde, animaux qui succombent à la dose de quelques milligrammes d'Esérine.

Personnellement, M. Duquesnel s'est assuré que la Rubrésérine avait perdu toute action autimydriatique. M. Duquesnel conclut légitimement que les solutions et les collyres d'Esérine, plus ou moins colorés par l'oxydation de leur base, doivent être regardés comme des préparations altérées et s'affaiblissant avec le temps. Aussi conseille-t-il de n'employer que des solutions récentes et incolores, et mieux du sulfate neutre d'Esérine, facilement soluble dans l'eau, et qui se conserve très-bien dans un flacon sec.

Ces conclusions de M. Duquesnel ont été depuis vérifiées par M. le docteur Galezowski, qui a reconnu qu'au bout d'un certain temps les collyres d'Esérine se coloraient en rouge et perdaient toute leur action autimydriatique.

Extraction de l'Esérine. — M. Vée a préparé l'Esérine par le procédé de Stas. Les Fèves, pulvérisées presque sans résidu, sont épuisées par l'alcool bouillant. « Les liqueurs distillées ont laissé un extrait que l'on a broyé avec une petite quantité d'acide tartrique et repris par l'eau. Cette dissolution, sursaturée par le bicarbonate de potasse et agitée avec de l'éther, lui a cédé l'Esérine, qui s'est déposée par évaporation du dissolvant. »

« L'Esérine, ainsi préparée, est mélangée de matières étrangères et ne cristallise pas ordinairement du premier coup. Il suffit quelquefois, pour déterminer la cristallisation, de la redissoudre dans l'éther, qu'on laisse ensuite évaporer spontanément. On peut aussi la reprendre par l'eau acidulée, précipiter la dissolution par l'acétate de plomb, filtrer, ajouter un excès de bicarbonate de potasse, filtrer encore et opérer une dernière fois l'extraction par l'éther. On obtient alors des croûtes cristallines tapissant les parois de la capsule où l'évaporation s'est faite. Pour les transformer en cristaux isolés, il faut les redissoudre dans une petite quantité d'eau acidulée et y verser un peu d'une dissolution concentrée de bicarbonate de potasse; dans ces conditions, on voit se précipiter de suite, ou après quelques instants, des lamelles brillantes, qui doivent être recueillies, lavées et séchées aussi rapidement que possible. » (Vée, Thèse, 13.)

Des préparations assez fréquentes de l'Esérine ont permis à MM. Duquesnel et Petit de modifier heureusement ce procédé en le simplifiant. M. Petit, par exemple, opère de la façon suivante. La Fève pulvérisée est épuisée, comme précédemment, par l'alcool à 75°. Les liqueurs sont ensuite distillées, non jusqu'à consistance d'extrait, mais jusqu'à ce qu'il ne passe plus d'alcool à la distillation et qu'il reste dans l'appareil une solution aqueuse. Comme cette liqueur est acide, il est inutile d'ajouter de l'acide tartrique, et on la traite immédiatement par le bicarbonate de potasse, qui décompose la combinaison d'Esérine. On ajoute alors de l'éther, qui s'empare de tout l'alcaloïde. Au lieu de laisser s'évaporer spontanément cet éther au contact de l'air, ce qui altère beaucoup l'Esérine qui est si oxydable, ou de distiller l'éther, ce qui est une opération toujours dangereuse, on y ajoute quelques gouttes d'acide sulfurique. Il se forme du sulfate d'Esérine, complétement insoluble dans l'éther et qui reste dissous dans une petite quantité d'eau qui accompagne toujours cette liqueur. L'évaporation dans le vide de cette solution donne directement du sulfate d'Esérine.

Voici les réactions les plus importantes de l'Esérine, telles qu'elles se trouvent dans différents auteurs et surtout dans la thèse de M. Vée et dans le *Manuel de Toxicologie* de M. Dragendorff. Nous les avons répétées pour la plupart avec assez de succès. Les réactions réussissent avec l'Esérine, mais elles sont beaucoup plus faciles avec le sulfate, qu'on obtient en ajoutant un peu d'acide sulfurique à la solution.

La *potasse caustique* donne dans les solutions incolores un précipité blanc qui, en qelques instants, devient d'un *rouge intense*. Après une exposition assez longue à l'air, si l'on opère sur une soucoupe, la liqueur s'évapore et laisse une tache d'un rouge brunâtre, au milieu duquel on aperçoit des grains d'un bleu foncé et quelquefois une teinte verte par places.

La *soude caustique* se comporte d'abord comme la potasse ; mais la teinte rouge brunâtre prend, après un temps suffisant d'exposition à l'air, une teinte vert olive, au milieu de laquelle on aperçoit un petit nombre de grains bleus.

Il est évident que ce rouge est celui qu'a obtenu M. Duquesnel, et que le bleu est celui de M. Petit ; mais, entre les deux, il y a la teinte vert olive, qu'on obtient surtout avec la soude caustique en solution peu concentrée. Nous regrettons que le manque de matière ne nous ait pas permis d'opérer sur l'Esérine avec la soude caustique d'une façon analogue à celle suivie pour obtenir le bleu et le rouge par MM. Petit et Duquesnel, dans le but d'obtenir cette matière colorante verte en quantité notable pour l'étudier.

L'*eau de chaux* donne également la coloration rouge (Vée).

L'*ammoniaque* paraît produire constamment une coloration *jaune* (Vée) ; elle ne nous a donné qu'une coloration légèrement rosée.

« L'*acide sulfurique* concentré la colore en *jaune*. Cette réaction est visible avec un milligramme et même un demi-milligramme. Le mélange rougit après vingt-quatre ou trente-six heures.

« L'*acide sulfurique* et l'eau bromée la colorent en

rouge brunâtre; la réaction est encore visible avec 0,05 de milligramme.

« L'*hypochlorite de chaux* colore en rouge; la couleur se produit au bout de dix minutes quand on traite 1 ou 1/2 milligramme d'alcaloïde par 1 centimètre cube d'une solution d'hypochlorite.

« L'*eau bromée* précipite en jaune des solutions diluées au 1/500.

« L'*iodure de potassium ioduré* donne un précipité couleur *kermès*.

« Le *phosphomolybdate d'ammoniaque* précipite également; la limite de sensibilité de ces deux réactifs est de 1/25000,

« L'*iodure de bismuth et de potassium* précipite fortement les solutions au 1/10000 et faiblement celles au 1/25000.

« L'*iodure de mercure et de potassium* précipite dans les solutions au 1/5000 et trouble faiblement celles au 1/10000.

« L'*iodure de cadmium et de potassium* donne un précipité blanc jaunâtre, qui cesse de se produire quand le liquide est plus dilué qu'au millième. »

Le *chlorure d'or* précipite les solutions au 1/2000; le précipité se réduit facilement en or métallique et la liqueur se colore en rouge (Vée).

« Le *chlorure de platine* ne précipite pas les solutions au 1/250.

« Le *chlorure mercurique* précipite les solutions

au 1/250, mais pas celles au 1/500 ; le précipité *rougit* rapidement.

« Le *tannin* donne un précipité *blanc* dans les liqueurs moins diluées qu'au millième.

« L'*acide picrique* ne précipite pas dans les solutions au 1/250.

« Le *chromate acide de potassium* se comporte d'abord comme l'acide picrique, mais se colore en rouge de sang après quelque temps. »

L'*acide azotique* colore en *jaune*.

Le *chlorure de palladium* ne donne ni précipité ni coloration.

Le *sulfate de cuivre* ne donne ni précipité ni coloration.

Le *chlorure ferrique* ne m'a pas donné de précipité d'oxyde ferrique.

L'*acide iodique* colore légèrement en *rose* les solutions au 1/300.

Nous pouvons nous demander maintenant à quel état se trouve l'Esérine dans la Fève de Calabar. Elle doit s'y trouver en combinaison avec un acide ; car nous avons vu que la solution aqueuse qu'obtient M. Petit par la distillation des liqueurs alcooliques est fortement acide. Mais quel est cet acide? Pour M. Petit, il donne les mêmes réactions que l'acide citrique, mais comme l'auteur n'en a pas fait l'analyse organique, il ne donne son opinion que comme très-probable. M. Duquesnel, au contraire, le croit différent de l'acide citrique et il serait porté à le regarder comme un nouvel acide organique. Il a constaté dernièrement qu'il dissout la baryte sans donner de précipité. Il est probable que la science possédera bientôt la solution de cette question ; car les deux habiles expérimentateurs s'occupent trop de l'Esérine en ce moment pour que, d'ici quelque temps, il n'y ait point une réponse définitive à ces *desiderata*. Au reste, l'étude de l'Esérine est une question si intéressante, surtout au point de vue chimique, qu'elle captivera nécessairement tous ceux qui s'en occuperont. Ils sont du reste assurés de faire une ample moisson dans ce champ fertile. Il suffit en effet, pour s'en convaincre, de penser qu'on connaît à peine la formule chimique de l'Esérine, et qu'on n'a encore étudié ni la constitution, ni la propriété de ses sels, sans parler de toutes les matières colorantes qu'elle est susceptible de produire dans des conditions déterminées.

Recherche du siége anatomique de l'Esérine. — Connaissant la structure anatomique de la Fève de Calabar et les propriétés chimiques de l'Esérine, il était intéressant de rechercher s'il n'était pas possible de reproduire sur les tranches minces des cotylédons quelqu'une des réactions caractéristiques de cet alcaloïde et de constater ainsi, *de visu*, au microscope, l'endroit précis de la cellule où se trouve ce principe. A cet effet, nous avons ajouté au liquide qui baignait les préparations placées sous le microscope la plupart des réactifs de l'Esérine, nous mettant constamment en garde contre l'erreur, en opérant parallèlement et identiquement sur le haricot qui, par ses caractères botaniques et sa structure anatomique, est si voisin du *Physostigma venenosum*. Disons immédiatement que faites dans ces conditions, les réactions ne donnent aucun résultat. Seul le chlorure d'or a fait exception. Aussitôt son introduction sous la mince lame de verre qui recouvre la préparation, les granulations blanches azotées protoplasmiques, dont il a été question plus haut, prennent une belle coloration jaune, celle du chlorure d'or; et quelques instants après, on voit quelques granulations brunes qui bientôt augmentent de nombre et se déposent un peu partout; d'abord dans la matière azotée protoplasmique, puis sur les grains d'amidon et sur les parois des cellules. Ces granulations brunes n'étaient que de l'or réduit, car traitées convenablement par un mélange d'acide azotique et d'acide chlorhydrique (eau régale), elles se sont dissoutes très-promptement, tandis qu'elles résistaient à l'action isolée de chacun de ces deux acides. L'Esérine réduit le chlorure d'or, il est vrai, mais avant de tirer une conclusion, j'ai répété la même réaction sur une tranche mince de haricot, et j'ai obtenu le même résultat; sauf peut-être que les granulations n'étaient pas aussi nombreuses et ne se montraient pas aussi promptement. Par quoi cet or est-il réduit? et l'Esérine y est-elle pour quelque chose?

Ce procédé ne donnant pas de résultat satisfaisant, j'eus recours au suivant, qui consiste à attaquer directement les cotylédons avec les réactifs. En effet, si on dépose une goutte de potasse caustique peu concentrée sur la section d'un cotylédon, on voit en quelques minutes apparaître sur le point touché une tache légèrement jaunâtre, qui s'accentue de plus en plus par l'exposition à l'air et prend bientôt une belle couleur orangée. Le lendemain et les jours suivants cette teinte devient d'un verdâtre sale. Si au lieu de potasse on prend de la *soude caustique* en solution peu concentrée, la réaction se passe d'abord comme précédemment et donne en peu de temps une couleur orangée légèrement rougeâtre. Après six ou douze heures d'exposition à l'air, cette teinte passe à un beau vert olive qui paraît fixe, car elle n'a pas varié sur des préparations qui datent de plusieurs mois. Cette réaction, je l'ai répétée un grand nombre de fois, j'en ai montré les résultats à un grand nombre de personnes et notamment à mon excellent maître, M. le professeur Baillon, dans le laboratoire duquel je faisais ces expériences.

Pour bien obtenir ces diverses teintes, il faut opérer avec une solution de soude caustique qui ne soit pas trop concentrée, une solution au dixième par exemple, et n'en déposer qu'une goutte sur la section du cotylédon. Quand on emploie des solutions très-concentrées, le tissu est désorganisée et la réaction ne se produit pas. C'est à cette dernière cause qu'est due l'insuccès de plusieurs personnes à qui j'avais communiqué cette réaction et qui n'avaient pu réussir à la reproduire.

Beaucoup d'autres réactifs déposés sur les cotylédons donnent également des colorations variées. Nous indiquerons entre autres les suivantes.

L'*ammoniaque* appliquée de la même façon sur les cotylédons, opère un changement de coloration à peine sensible; mais si l'on a soin d'ajouter à plusieurs reprises une nouvelle quantité du réactif, on ne tarde pas à voir très-manifestement une légère coloration rose, parsemée de points brillants. Je dois ajouter que certaines Fèves, à tèguments très-noirs et à cotylédons très-blancs ne m'ont pas donné cette réaction avec la même netteté que les autres.

L'*acide azotique* donne une coloration *jaune*, légèrement orangée et tirant au rouge sur certains cotylédons.

L'*acide sulfurique* détermine une coloration légèrement *violette* ou *rosée*.

En présence de ces résultats, je mis directement de la soude ou de la potasse caustique sur les coupes microscopiques, et, avant de les recouvrir avec le verre mince, j'attendis que la coloration jaune-orangée fut apparue, car la présence de l'air est nécessaire pour obtenir cette réaction. En recouvrant immédiatement, on risque fort d'avoir une mauvaise réaction et même de n'en avoir point du tout. Mon désir était d'obtenir par ce moyen la teinte vert olive dont j'ai parlé plus haut, mais j'eus beau laisser plusieurs jours de suite mes préparations en contact direct avec l'air, jamais la réaction verte ne s'est produite, je n'ai pu avoir que la teinte orangée.

En observant au microscope ces préparations ainsi colorées, on voit les parois des cellules attaquées par le réactif, et les grains d'amidon fort altérées ne présenter aucun changement de coloration. Les granulations protoplasmiques, naturellement blanches, sont au contraire manifestement jaunes, et d'autant plus jaunes qu'elles sont plus près des parois de la cellule. Je suis arrivé au même résultat en faisant mes coupes sur les parties des cotylédons que j'avais attaquées directement par les réactifs. La matière granuleuse protoplasmique est la seule à qui la soude caustique fasse subir ce changement de coloration; les parois des cellules, les grains d'amidon sont altérés mais ne prennent pas la teinte jaune-orangée.

Bien qu'il fût infiniment probable que les parties qui passaient au vert fussent les mêmes que celles qui auparavant avaient pris la teinte jaune orangée, je voulus m'en assurer directement. A cet effet, je fis des coupes sur les parties des cotylédons auxquelles le réactif avait communiqué cette coloration, et j'observai, en employant l'eau distillée. Le microscope ne laissait plus voir aucune trace de coloration. La matière colorante verte était donc soluble dans l'eau. Je fis mes observations dans l'huile. La préparation présentait par places une teinte verte tirant sur le bleu, mais qui depuis est devenue complètement bleue. Malheureusement cette teinte faisait tache, car elle avait imprégné tous les éléments, et il devenait dès lors impossible de constater directement si les parties colorées en vert étaient précisément les mêmes qui primitivement avaient pris la teinte jaune orangée.

La question cependant ne me paraît point douteuse, et c'est bien l'Esérine qui, sous l'influence de la *soude caustique*, prend dans le cotylédon ces différentes colorations que donne cet alcaloïde isolé quand on le traite par le même réactif. Nous avons vu, en effet, l'Esérine et mieux son sulfate, traités par la soude caustique, donner un précipité blanc qui bientôt se colore en rouge, puis en vert, et enfin en bleu. La soude caustique communique au cotylédon une teinte successivement jaune-orangée, rougeâtre, verte, et enfin bleue ; car les tranches minces pour le microscope et conservées dans l'huile sont devenues manifestement bleues. La ressemblance est donc on ne peut plus frappante. Or, nous avons vu que dans les cellules, les granulations azotées protoplasmiques sont les seules parties qui se colorent sous l'influence des réactifs employés. Nous pouvons donc conclure que c'est au milieu de ces granulations que se trouve l'Esérine. A quel état y est-elle ? Nous avons dit plus haut qu'elle devait s'y trouver à l'état de combinaison avec un acide.

Quand on réfléchit à la petite quantité d'Esérine que renferme la Fève de Calabar, on ne peut manquer d'être étonné qu'une portion de cotylédon aussi minime que celle employée pour l'observation microscopique donne des réactions si caractéristiques.

Je me suis demandé si les tiges et les feuilles de la plante ne renfermaient point d'Esérine. J'ai cherché à reproduire sur ces organes, avec la soude et la potasse caustiques, les réactions dont j'ai parlé plus haut, mais sans résultat, car ces réactifs énergiques, mis en contact avec des tissus aussi tendres et aussi délicats, les altèrent profondément. En outre, ces tissus renferment une grande quantité de chlorophylle dont la teinte jaunâtre au microscope aurait pu laisser beaucoup d'incertitude. Cependant la question n'est point douteuse, car le Docteur Vincent s'est assuré, toutefois sans dire par quel procédé, que les tiges et les feuilles du *Physostigma venenosum* ne sont point toxiques.

CHAPITRE III.

PHARMACOLOGIE.

Les formes sous lesquelles on a administré la Fève de Calabar ont beaucoup varié, et varieront encore plus quand l'Esérine et ses sels seront mieux connus.

On administre la Fève en nature, son extrait alcoolique, l'Esérine et quelques autres préparations qui varient avec chaque expérimentateur.

Voici les formules les plus importantes :

I. *Fève en nature.* — Poudre de Fèves : 30 à 40 centigrammes, à prendre dans un verre d'eau, ou dans une émulsion, ou en pilules :

Poudre de Fèves........................	$0^{gr},40$
Poudre inerte............................	q. s.

F. s. a. 8 pilules. — Une toutes les deux heures chez un enfant de neuf ans (GIRALDÈS).

II. *Extrait alcoolique.* — Le Codex prépare ainsi

l'extrait alcoolique de Fèves de Calabar (*Extractum Fabæ calabariensis*).

Fèves de Calabar.....................	1000 gr.
Alcool à 80°...........:	5000

Réduisez les Fèves en poudre très-fine, faites digérer cette poudre avec un litre d'alcool, dans le bain-marie d'un alambic, maintenez à une douce chaleur pendant deux heures; puis introduisez le mélange dans un appareil à déplacement. Quand, après la digestion, le liquide cessera de couler, versez sur la poudre un deuxième litre d'alcool bouillant, et continuez ainsi jusqu'à l'épuisement de l'alcool indiqué. Réunissez les solutions et distillez pour retirer tout l'alcool; achevez l'évaporation au bain-marie. Il faut agiter sans cesse pendant l'opération, pour que le produit soit homogène. 1000 grammes de Fèves de Calabar fournissent 25 à 30 grammes d'extrait de consistance pilulaire.

Par ce procédé, on laisse encore beaucoup de principe actif dans le résidu; aussi Réveil conseille-t-il d'employer de l'alcool à 65°.

Cet extrait se prescrit en potion, en pilules ou dissous dans du vin.

Voici quelques formules :

Extrait alcoolique de Fèves de Calabar.....	0gr,72
Poudre de Gingembre......................	0 ,50

F. s. a. 24 pilules (WATSON). Chaque pilule contient 0gr,03 d'extrait.

Extrait alcoolique de Fèves de Calabar.....	$0^{gr},60$
Vin..................................	30^{gr}.

Cinq gouttes toutes les demi-heures chez un enfant de douze ans (WATSON, CAMPBELL).

Julep gommeux........................	$125^{gr},00$
Extrait de Fèves.....................	0 ,10
Extrait alcoolique de Fèves de Calabar...	1 ,80
Alcool à 90°.........................	200 ,00
Sirop d'écorces d'oranges amères.......	240 ,00
Eau distillée........................	100 ,00

Une ou deux cuillerées par jour. Chaque cuillerée contenant environ 15 grammes renferme $0^{gr},05$ d'extrait (DELASIAUVE et BOURNEVILLE, contre l'épilepsie).

Injection hypodermique (WATSON) :

Extrait alcoolique de Fèves de Calabar,	$0^{gr},02$ à $0^{gr},03$
Eau..................................	0 ,75

Une injection toutes les deux heures.

Extrait alcoolique de Fèves de Calabar...	1 partie.
Glycérine............................	5 —

Pour un collyre (GIRALDÈS).

Collyre antimydriatique (F. H. P.) :

Extrait alcoolique de Fèves de Calabar.....	1^{gr}.
Eau..................................	100

Dissolvez.

En Angleterre, on a d'abord employé un *papier calabarisé,* préparé suivant la méthode de Streatfield, qui consiste à plonger plusieurs fois du papier Berzélius dans une solution d'extrait et à le découper en petits carrés d'une dimension donnée. Les choses sont faites de telle façon qu'il suffit de placer un de ces petits carrés entre les paupières pour que l'action antimydriatique se produise.

Le papier agissant dans l'œil comme corps étranger, M. Hart (*The Lancet*, janvier 1864) a eu l'heureuse idée de le remplacer par de la gélatine qui se dissout et n'amène qu'une gêne tout à fait momentanée. M. Duquesnel fabrique aujourd'hui de ces rondelles de gélatine préparées, les unes à l'extrait de Calabar, les autres à l'atropine. Les rondelles à l'Esérine sont assez souvent employées, à l'époque des conseils de révision, par les médecins militaires, pour faire cesser certaines mydriases artificielles.

Extrait de Calabar........................	0gr,24
Glycérine pure	8 ,00

Quatre gouttes par jour contre la constipation et l'atonie du canal intestinal (Angleterre).

On emploie encore la teinture suivante :

Fèves de Calabar..........................	4gr.
Alcool rectifié...........................	30

2 grammes par jour contre la chorée et le tétanos.

III. *Esérine et ses sels.* — Depuis la découverte de l'Esérine, on n'emploie plus guère, du moins en France, la Fève de Calabar en nature, ni son extrait alcoolique ; il est, en effet, préférable d'employer directement cet alcaloïde, et mieux son sulfate qui est moins altérable. Le dosage est plus facile et l'effet plus assuré. Le sulfate est assez hygrométrique.

L'Esérine et son sulfate s'emploient à la dose de 1 à 2 milligrammes et quelquefois davantage.

Sulfate d'Esérine........................	$0^{gr},02$
Eau distillée...........................	10 ,00

Une goutte suffit pour contracter la pupille.

Comme, à cette dose, l'Esérine est insupportable pour certaines personnes, M. Galezowski prescrit le collyre suivant :

Sulfate d'Esérine........................	$0^{gr},01$
Eau distillée...........................	20 ,00

Il faut se rappeler qu'avec le temps ces collyres s'altèrent et perdent leurs propriétés.

M. Duquesnel prépare des granules d'Esérine au milligramme, analogues aux granules de Digitaline, d'Aconitine, etc., dont l'administration est très-commode.

CHAPITRE IV.

PHYSIOLOGIE.

L'action physiologique de la Fève de Calabar et de son alcaloïde l'Esérine a été l'objet de nombreuses expériences de la part d'un grand nombre d'expérimentateurs. Il s'en faut de beaucoup, cependant, que l'on soit arrivé à une explication claire et méthodique des différents phénomènes observés, aussi reste-t-on dans une grande perplexité quand on a lu la plupart des travaux publiés sur ce sujet. N'ayant pas fait personnellement assez d'expériences, nous ne chercherons pas à concilier les différentes opinions. Nous nous contenterons seulement de rapporter ce qui nous a paru réellement intéressant, laissant la parole aux expérimentateurs eux-mêmes chaque fois que nous le pourrons sans nuire à la clarté. La Fève de Calabar a été surtout essayée au point de vue de son action générale sur l'économie et au point de vue de son action spéciale sur l'œil.

§ 1. — Action générale.

On connaît peu les symptômes éprouvés par ceux qui sont soumis aux épreuves judiciaires au moyen de l'*Eséré,* sur la côte de Calabar. Voici ce que rapporte le docteur Fraser à ce sujet : « Lorsque l'épreuve se termine par la mort, les symptômes s'observent dans l'ordre suivant, autant qu'on peut en juger par le rapport des témoins qui ne sont pas médecins. Le patient n'éprouve aucune sensation pendant dix minutes environ, après le commencement de l'épreuve. Il devient alors altéré. Le symptôme s'accroît peu à peu et devient si pénible que le nègre perd son stoïcisme naturel au point de se débattre violemment et de supplier les assistants de lui donner de l'eau. Bientôt, il perd le pouvoir d'avaler ; du mucus s'échappe de sa bouche, des convulsions et des secousses agitent ses muscles, surtout ceux du dos et il meurt ordinairement trente minutes après le commencement de l'épreuve. Pendant toute sa durée, les victimes conservent leur connaissance complète, comme le démontrent le sens et la justesse de leurs remarques. Ils peuvent parler jusqu'au moment de leur mort, bien longtemps après que la déglutition est devenue impossible. Lorsque l'épreuve doit avoir une issue favorable, des nausées se produisent et sont bientôt suivies de vomissements ; l'innocence de l'accusé est alors proclamée. Le malaise disparait rapidement; la céphalalgie est le seul symptôme qui reste jusqu'à la fin de la journée. » (VÉE, thèse 26.)

« Le révérend William Walker, qui dirige depuis plus de trente ans les missions protestantes américaines à la côte d'Afrique, nous a assuré, dit le docteur L. Vincent, que cette sécheresse de la muqueuse pharyngienne serait l'une des plus cruelles souffrances accusées par les malheureux qu'une loi barbare a condamnés à l'épreuve du poison et qui supplient les assistants et les juges de leur donner de l'eau, afin de diminuer les douleurs qu'ils endurent. »

J'insiste sur cette soif, dont ne parlent pas les expérimentateurs européens, parce que les témoignages précédents ne nous permettent pas de douter de ce symptôme, que le docteur L. Vincent a constaté sur des chiens. « Ces animaux, dit-il, ont une constriction violente à la gorge, et une soif très-vive qui les porte à lécher avidement tous les objets qui sont devant eux. »

J'ai très-bien constaté moi-même cette constriction à la gorge dans une expérience faite sur un chien. L'animal faisait des efforts et tendait le cou, comme s'il eût voulu se débarrasser d'un obstacle qu'il avait au gosier. Ce chien tirait la langue, salivait beaucoup, mais ne léchait pas les objets environnants.

Cette épreuve judiciaire aurait lieu assez souvent au Calabar, car elle enléverait (Lopez, *op.*

cit.) chaque année plus de cent personnes à une population d'environ cent mille habitants. Tous ceux qui y sont soumis ne meurent pas, car il y a, suivant les circonstances, supercherie de la part de ceux qui administrent le poison, et en outre, quelques-uns vomissent spontanément de bonne heure et échappent ainsi à l'intoxication.

Hewan (Mathorel, thèse, 23, ann. 1864), raconte, qu'étant au Calabar, il a vu une femme qui, injustement accusée de sorcellerie, et croyant au pouvoir magique de l'Eséré, demanda à être soumise à l'épreuve. Elle avala vingt-quatre fèves sans en mourir. Le lendemain, une autre femme, qui était dans le même cas, succomba après avoir mangé vingt-deux fèves. Ni l'une, ni l'autre n'avait vomi.

Ce résultat pourrait peut-être s'expliquer par la différence de composition des fèves. Ceux qui préparent l'Esérine savent, en effet, qu'il y a, suivant les cas, une très-grande différence dans le rendement.

Le docteur Christison (*The Monthly Journal of medecine*, XX, p. 193, 3e série, 1855) a eu le courage d'expérimenter sur lui-même l'action de la Fève de Calabar. Voici son récit, d'après la traduction de M. H. Dor (Lopez junior, Thèse, 72). « Une première fois, j'ai pris 0gr,36, c'est-à-dire environ la huitième partie d'une fève. Le seul symptôme que j'ai pu observer a été un léger engourdissement dans les membres.

« Le lendemain, je me suis administré une dose

un peu plus forte, un quart de fève à peu près, dont le poids total était de $2^{gr},88$, soit $0^{gr},72$. Cinquante minutes après, j'ai éprouvé un léger vertige que j'ai mis sur le compte de l'imagination. Je pris alors une douche chaude qui, avec les frictions, etc., put durer cinq à six minutes; le vertige fut alors très-net et accompagné de l'état de torpeur qu'on observe après l'administration de l'opium ou du haschisch à dose médicinale. Sûr alors de l'activité du poison à l'influence duquel je m'étais soumis, j'ai tâché aussitôt de m'en débarrasser en buvant de l'eau. Ayant ingéré le poison alors que l'estomac était vide, je devins bientôt si faible, si engourdi, si abattu, que je fus heureux d'être étendu sur mon lit; j'appelai mon fils et je lui dis quel était mon état, quelle en était la cause et le remède, qu'il ne fallait pas s'alarmer, et qu'il valait mieux, pour sa satisfaction personnelle, envoyer chercher le docteur Simpson, qui demeurait à côté; celui-ci accourut aussitôt et me trouva très-pâle et très-abattu, les battements du cœur et du pouls extrêmement faibles, tumultueux et irréguliers; mes facultés mentales étaient conservées, ma seule sensation était une extrême faiblesse, pas trop désagréable.

« Le docteur Simpson crut utile d'aller chercher le docteur Maclagan, autorité en fait de toxicologie, et revint avec lui au bout de cinq minutes.

« Pendant son absence, j'eus mal au cœur et j'essayai de me placer sur mon séant pour vomir, ce que je n'ai pas pu faire; je tentai un nouvel effort plus vigoureux, je pus à peine me remuer, et je tombai cette fois tout à fait abattu ; je fus un peu plus heureux dans ma troisième tentative, et dans une quatrième, je réussis à me soulever par un grand effort de volonté ; les muscles abdominaux agissant très-faiblement, je ne pouvais pas vomir, et je renonçai à tenter de nouveaux efforts, en demeurant couché, et en me fortifiant moi-même par la réflexion que je n'avais pas besoin de vomir, attendu que mon estomac était tout à fait vide.

« En même temps, le mal de cœur est disparu pour ne plus revenir ; je sentis l'engourdissement augmenter vers les muscles pectoraux et dans les articulations, et j'essayai de le chasser en me contraignant à parler lentement et fermement, afin de ne pas alarmer mon fils qui était alors seul avec moi.

« Le docteur Maclagan trouva mon état de tout point semblable à celui que produit l'aconit ; le pouls et les battements cardiaques très-faibles, fréquents et plus irréguliers ; la face très-pâle, une grande prostration, les facultés intellectuelles intactes, à moins peut-être qu'on n'ait jugé ainsi, parce que je ne paraissais pas alarmé, tandis que mon ami avait beaucoup de raisons pour l'être. Je ne sentais, au fait, aucune espèce de douleur, d'engourdissement, de cuisson, et je ne souffrais en aucune manière de la grande faiblesse de l'action du cœur.

« Quant aux alarmes que je pouvais avoir, j'étais assez tranquille pour calculer que lorsque $0^{gr},36$

n'avaient pas eu d'effet, le double ne serait point mortel, l'estomac étant si bien dégagé.

« Tous les membres devinrent froids, avec un sentiment fort vague d'anéantissement ; mais la chaleur entretenue à mes pieds me calma, et je fus encore plus soulagé par un grand sinapisme qui fut appliqué sur tout l'abdomen.

« Peu à peu, le pouls augmenta de volume tout en restant très-irrégulier ; je ne pouvais pas encore me tourner dans mon lit, et quand j'essayai de me placer sur le côté gauche, mon attention fut réveillée aussitôt sur l'action du cœur, qui devint extrêmement tumultueux, ce qui me força à demeurer encore sur le dos pour échapper à cette étrange sensation.

« Deux heures après l'absorption du poison, je m'assoupis et dormis pendant plus de deux heures ; mais mon esprit fut si agité que je n'eus point conscience d'avoir dormi tout ce temps ; à mon réveil, l'action tumultueuse du cœur continua ; une heure après, je pris une tasse de café fort ; j'éprouvai promptement un changement indéfinissable, et en examinant l'état du cœur, on trouva que les pulsations étaient devenues parfaitement continues et régulières.

« Dans la journée, je fus capable de quitter mon lit. En me levant de table, après un dîner passable, je me trouvai si étourdi que je fus heureux de m'étendre sur un sopha pour toute la soirée. Le lendemain, après un bon sommeil, je me trouvai assez bien. »

M. Christison conclut de cette expérience, que la Fève de Calabar a pour propriété principale de paralyser le cœur, que la paralysie des extrémités n'est qu'apparente et dépend du défaut de détermination volontaire.

Le docteur Fraser expérimenta également sur lui-même l'action de la Fève de Calabar. Ce qu'il y a de remarquable, c'est la sensation *sui generis* qu'il éprouva à l'épigastre et qui se fit successivement sentir le long du sternum. M. Fraser compare cette sensation à celle que l'on éprouve quand on avale un aliment trop gros. Cette sensation pourrait peut-être s'expliquer par la contraction des fibres lisses de l'œsophage et de l'estomac, d'autant plus qu'elle était accompagnée d'éructations et de nausées.

Pour montrer l'action de l'Esérine, nous donnerons ici, *in extenso*, l'observation suivante due à M. le professeur Gubler, et qui se trouve dans les thèses de MM. Vée et Navarro.

« M. Leteinturier, externe du service de M. Gubler, à l'hôpital Beaujon, désirant expérimenter sur lui-même les effets de l'Esérine, prend, le 24 janvier 1865, deux milligrammes de cet alcaloïde, en dissolution dans l'eau, à l'état de sulfate. Il n'éprouve aucun malaise et déjeune une heure après, comme d'habitude.

« Le lendemain, 25 janvier, il prend, vers neuf

heures et demie du matin, une dose beaucoup plus forte : un centigramme d'Esérine. Pas d'effet immédiat ; en traversant la place de la Concorde, il ressent une grande pesanteur de tête. Il lisait en marchant ; en quelques instants, les caractères de son livre deviennent illisibles. La tête lui tourne, il lui prend des nausées et il éprouve une grande faiblesse musculaire. Il n'a ni sensation de chaleur à l'estomac, ni accélération du pouls.

« En cinq minutes, ces phénomènes augmentent d'intensité. La faiblesse musculaire est telle qu'il est obligé de s'appuyer sur le parapet du quai pour ne pas tomber. Chaque fois qu'il regarde devant lui, il est pris de vertige et de nausées, et sa vue se trouble; si, au contraire, il regarde la terre, il n'éprouve plus les mêmes sensations et la vue devient plus nette. Il parvient, avec peine, à gagner le jardin des Tuileries afin de se reposer sur un banc ; de temps en temps, il est obligé de s'appuyer contre un arbre, à cause du trouble de la vue. Pour lui, ce trouble est une sensation propre, *sui generis*, qui n'est pas comparable à celle qu'il a ressentie lorsque, dans des expériences antérieures, il a pris de la belladone ou de l'opium.

« Vers dix heures et un quart, vomissement d'une certaine quantité de dissolution d'Esérine d'abord, puis de bile. La pesanteur de tête continue, mais il n'existe ni céphalalgie proprement dite, ni trouble de l'audition. Pas de sueur. — Peau froide et sèche. — Pouls à 56. — Depuis que M. L. a pu s'asseoir, les vertiges sont moins fréquents. Cependant, il ne peut toujours pas distinguer ce qui se passe devant lui, quoiqu'il perçoive la couleur des objets placés à une grande distance. Cet état dure usqu'à onze heures et demie. Plusieurs fois, il essaye de se lever et de marcher, mais il est repris de vomissements et la faiblesse musculaire est considérable. Enfin, vers midi moins un quart, il sent ses forces revenir, la vue est plus nette, les nausées sont moins fréquentes, et à midi il peut quitter le jardin des Tuileries. Il se regarde alors dans une glace, et constate que ses pupilles sont très-difficiles à reconnaître, tant elles sont contractées. La face est très-pâle, et de temps à autre surviennent encore quelques nausées, que fait disparaître une petite dose de sirop diacode. A une heure de l'après-midi, le rétablissement est si complet que l'appétit est revenu.

« M. Gubler résume ainsi les principaux phénomènes physiologiques de l'observation précédente : obnubilation de la vue, vertiges, nausées, résolution musculaire, puis vomissements, lourdeur de tête, refroidissement et sécheresse de la peau, avec ralentissement du pouls, vision très-courte et pupilles ponctiformes. »

On voit donc que l'Esérine exerce exactement la même action sur l'homme que la Fève de Calabar. On ne retrouve pas cependant, dans cette dernière observation, la sensation épigastrique accusée par le docteur Fraser, ni cette soif éprouvée par les nègres soumis à l'épreuve. Par contre, on y voit que les pupilles ont été fortement contractées, ce qui arrive rarement quand la substance est ingérée dans l'estomac.

Une conclusion à tirer des faits qui précèdent, c'est que ni la Fève de Calabar, ni son alcaloïde n'ont d'action directe sur le cerveau, car les facultés intellectuelles sont parfaitement conservées. Les vertiges dépendraient, suivant MM. Vée, Leven, et Sée (1), d'une anémie cérébrale causée par l'excitation des nerfs de la vie végétative, excitation qui précéderait la paralysie. Remarquons également combien les effets de la Fève de Calabar et de l'Ésérine sont passagers et peu durables.

Ces citations, peut-être un peu longues, nous montrent l'action de la Fève de Calabar et de l'Esérine sur l'homme. Leur action sur les animaux a été étudiée, en général, au moyen des extraits alcooliques et rarement au moyen de l'Esérine. Nous avons dit que la quantité de principe toxique contenu dans les fèves était variable ; on comprend dès lors pourquoi les extraits alcooliques sont loin de représenter un produit toujours semblable à lui-même, d'autant plus que la quantité d'extrait qu'on retire d'un même poids de fèves augmente avec la faiblesse en degré de l'alcool employé. Il est vraiment étonnant que malgré la découverte relativement éloignée de l'Esérine, on ait si peu employé ce produit qui per-

(1) Apud *Navarro*, thèse, 26.

met un dosage facile. Depuis MM. Vée et Leven, qui ont les premiers étudié l'action physiologique de l'Esérine, MM. Laborde et Leven (*Recherches expérimentales sur l'action physiologique de l'Esérine*, Mémoire lu à la Société de biologie, le 29 mars 1869), ont seuls exclusivement expérimenté avec ce même produit. Dans ses expériences faites en 1870, pour prouver l'antagonisme de la Fève de Calabar et de l'atropine, le docteur Fraser a employé simultanément un extrait alcoolique et un autre produit dont il donne la préparation (page 538 du mémoire) et qu'il appelle sulfate d'Esérine, mais qui n'est qu'une sorte d'extrait plus concentré et plus ou moins analogue à la *Physostigmine*. Il est si facile d'avoir à Paris, soit l'Erésine parfaitement cristallisée et par conséquent tout à fait pure, soit le sulfate neutre d'Esérine, qu'on ne comprend plus guère l'emploi de ces extraits si peu comparables à eux-mêmes. L'emploi de préparations aussi dissemblables n'entrerait-elle pas pour quelque chose dans les résultats si différents annoncés par les différents expérimentateurs?

Pour en finir avec ce sujet, nous dirons qu'au début de ses premières expériences sur la Fève de Calabar, le docteur Fraser a expérimenté un extrait préparé uniquement avec le spermoderme et auquel il a trouvé une action sédative sur la moelle, amenant de la paralysie, de la contraction des pupilles, etc., et une action cathartique, hydragogue et diurétique. Cette préparation ne produit pas la mort chez les lapins à la dose de un à quatre grains (0, gr. 0648 — 0,2792); un grain d'extrait correspondant à seize grains de poudre de spermoderme.

Quand un chien reçoit une certaine dose d'Esérine, environ un centigramme, par injection hypodermique, il ne tarde pas à manifester un certain nombre de phénomènes dont le plus important est un *tremblement musculaire* à tous les degrés (Leven et Laborde). Tous les muscles de l'économie, tant ceux à fibres striées que ceux à fibres lisses, participent à ce tremblement qui présente toutefois de grandes différences dans son intensité. C'est tantôt de la trémulation, tantôt un mouvement fibrillaire, tantôt des contractions saccadées que l'on sent très-bien avec la main appliquée sur la peau de l'animal. Enfin, surtout à la période terminale, on observe souvent de véritables convulsions qui agitent les membres, le tronc et la tête.

Ce phénomène capital s'accompagne d'un certain nombre d'autres qui ne sont pas moins intéressants. Aussitôt que l'action du poison commence à se faire sentir, l'animal est pris d'une salivation qui ne fera qu'augmenter pendant toute la période d'intoxication et se convertira à la fin en écume bronchique.

On constate plusieurs fois l'émission de l'urine et des matières fécales, ces dernières devenant de plus en plus liquides et diarrhéiques.

Le vomissement est un phénomène qu'il n'est pas rare d'observer.

Ces trois dernières actions peuvent très-bien s'expliquer par le tremblement qui s'empare des muscles lisses, de l'intestin, de l'estomac et de la vessie, tremblement qui se termine ordinairement par une contraction terminale, que plusieurs auteurs ont sentie, pour l'intestin, en appliquant la main sur le ventre de l'animal privé ou non de son enveloppe cutanée. Au reste, MM. Laborde et Leven ont souvent constaté, à l'autopsie des animaux qui avaient succombé à l'action de l'Esérine, des constrictions de l'intestin, des nœuds, de véritables étranglements internes. Ils ont de même trouvé la vessie énergiquement contractée et rigide.

A une période suffisamment avancée, on constate de la parésie, de l'insensibilité, une absence de mouvements réflexes, et bientôt une paralysie des membres postérieurs; l'animal, d'abord chancelant, tombe sur le train de derrière. Cette paralysie, malgré le *tremblement ésérique* qui agite l'animal, gagne peu à peu le tronc et les membres antérieurs. L'animal se couche alors sur le flanc, s'agite, et enfin à mesure que l'asphyxie augmente il est pris de convulsions cloniques, d'abord intenses et qui diminueront peu à peu jusqu'à ce qu'il succombe. Les yeux présentent souvent du nystagmus.

On a observé que le cœur participait, comme tous les autres muscles, à ce tremblement général.

L'animal est déjà mort, et sa cornée est insensible depuis un certain temps, que ses muscles sont encore agités de ce singulier tremblement.

A l'autopsie les résultats sont variables; le cœur est tantôt contracté, tantôt en diastole et rempli de caillots et de sang plus ou moins liquide, les poumons ont été trouvés soit exsangues, soit gorgés de sang noir avec ecchymoses sous-pleurales. L'intestin grêle est ordinairement contracté, réduit de volume, avec des nœuds et des constrictions par places. Il serait tétanisé, d'après M. G. Sée (ap. Navarro, *Thèse*, 34) qui appelle la Fève de Calabar « la *Strychnine des muscles lisses*. »

Le cerveau est généralement indemne. On remarque, en effet, que, sous l'influence déjà très-forte du poison, les chiens viennent quand on les appelle.

Comment se produit la mort? Pour les uns, elle arrive de deux façons, ou par syncope, ou par asphyxie. Pour d'autres, la mort a lieu par asphyxie quand la paralysie a atteint les muscles de la respiration ou à la suite de « modifications éprouvées par la région bulbaire de la moelle » (Laborde et Leven).

Pour démontrer cette action sur la moelle, ces derniers expérimentateurs font les deux expériences suivantes (*op. cit.*, 3) :

A une grenouille, ils enlèvent la moelle épinière dans sa moitié inférieure, et l'animal est paralysé du train postérieur. Ils lui injectent alors environ un centigramme et demi d'Esérine dissous à l'aide d'un peu d'acide acétique.

Huit minutes après, l'animal s'agite du côté

du train antérieur et les pupilles subissent un rétrécissement très-appréciable. L'excitation des pattes antérieures provoque de vifs mouvements réactionnels, mais seulement dans le train antérieur.

A une seconde grenouille ils enlèvent la moelle depuis le bulbe jusqu'à la moitié de la région dorsale. Il s'ensuit une paralysie du train antérieur et une dilatation très notable de l'ouverture pupillaire. On lui injecte un centigramme et demi d'Esérine comme à la précédente. Au bout de dix minutes, les phénomènes caractéristiques de l'intoxication apparaissent. Les pattes postérieures s'agitent, deviennent inertes, présentent des *trémulations fibrillaires,* surtout quand on les excite, ce qui n'arrive pas dans le train antérieur.

« Malgré ces signes indubitables de l'action de l'Esérine, la pupille conserve l'état de dilatation que nous avons vu se manifester à la suite de l'enlèvement de la moelle, et l'animal meurt sans qu'aucune modification appréciable se soit produite de ce côté. »

On voit donc que si on enlève la moitié inférieure de la moelle, l'action de l'Esérine sur la pupille se manifeste comme d'habitude, tandis que si on enlève la moitié supérieure, cette action ne se manifeste plus.

Les auteurs du mémoire en concluent que : « c'est en agissant sur la moelle épinière et en particulier sur la région supérieure de cet organe, c'est-à-dire sur la région qui, à l'état normal, préside aux fonctions pupillaires, que l'Esérine manifeste son influence sur la pupille. »

Le Docteur Fraser a observé, dans une expérience sur lui-même, qu'une friction faite sur la peau avec de la teinture de Fève, lui avait procuré de l'anesthésie à un degré assez fort.

MM. Leven et Laborde ont encore observé que l'Esérine mise en contact avec le tissu musculaire détermine presque immédiatement un tremblement fibrillaire analogue à celui que produit l'absorption du poison.

Nous ajouterons en terminant ce paragraphe, que tous les animaux ne réagissent pas absolument de la même façon quand on les soumet à l'influence de l'Esérine, et qu'il faut encore tenir compte de cette cause pour expliquer la divergence des opinions.

On a encore observé, outre la diminution des battements cardiaques, un notable abaissement de la température à des doses non toxiques.

§ 2. — **Action sur la pupille.**

Tout l'intérêt des résultats précédents pâlit, pour ainsi dire, devant la propriété si remarquable que possède la Fève de Calabar de contracter la pupille. C'est au docteur Fraser que la science est redevable de cette importante découverte dont les physiologistes et les médecins oculistes se sont beaucoup occupés.

La Fève de Calabar ou l'Esérine, administrés par le tube digestif ou par injection sous-cutanée, ne produisent pas la contraction de la pupille à moins que la dose ne soit très-forte. Cette contraction se manifeste toujours (1), au contraire, quand le médicament est déposé directement sur la conjonctive.

Chez les animaux on n'observe que la contraction de la pupille, mais sur l'homme on constate d'abord de la myopie, c'est-à-dire un changement dans l'état d'accommodation, ensuite du myosis, et enfin divers troubles visuels. M. Bowman aurait quelquefois observé des phénomènes d'astigmatisme et de Graefe de la macropie. Ce dernier, en instillant de l'extrait dans des yeux privés d'iris, a constaté d'une façon très-positive des phénomènes d'accommodation.

L'action de la Fève de Calabar sur l'œil se fait très-rapidement sentir. De sept à quinze minutes après l'application locale, la pupille commence déjà à se contracter, et au bout d'une demi-heure elle atteint son maximum de contraction, qui peut aller jusqu'à un tiers de millimètre. La durée de ce

(1) Nous ne connaissons d'autre exception que celle de la neuvième exception de MM. Vée et Leven, dans laquelle un milligramme trois dixièmes d'Esérine dans l'œil d'un Cabiai n'a amené aucune contraction de la pupille (Vée, *Thèse*, 27).

myosis varie avec la quantité de substance introduite sous les paupières; ordinairement il disparaît en deux ou trois heures. Toutefois on l'a vu persister pendant cinq jours (Fraser, de Græfe).

Dans une expérience faite sur nous-même, nous avons très-bien ressenti « cette sensation de fourmillement, de tension, de gêne dans l'intérieur de l'œil » dont parle M. le professeur Gubler (*Comment. thérap.*, 119). Nous avons constaté en même temps que la vue était beaucoup moins nette dans l'œil calabarisé et la vision plus facile au grand soleil que dans le demi-jour des appartements.

Nous devons ajouter que l'instillation de l'Esérine détermine quelquefois des contractions de l'orbiculaire des paupières, et M. le docteur Galezowski aurait encore, rarement il est vrai, observé des douleurs dans les tempes, la tête, et même des vomissements à la suite de l'instillation d'une seule goutte de collyre à l'Esérine.

Les physiologistes sont si peu d'accord sur l'explication de ces phénomènes, que nous ne croyons pas utile d'entrer dans cette discussion.

La Fève de Calabar contracte la pupille, la Belladone la dilate; la première détermine de la myopie, c'est-à-dire contracte le muscle de l'accommodation; la dernière le paralyse. L'une détermine quelquefois de la macropie, et l'autre quelquefois de la micropie. On voit donc que ces deux substances agissent sur l'œil à l'inverse l'une de l'autre, en un mot, sont antagonistes. Cet antagonisme, si manifeste quand il s'agit de l'œil, est regardé comme général dans tout l'organisme par certains auteurs. M. Kleinwachter (*Berl. klin. Woschschr.*, n° 38, 1864) est le premier qui ait signalé cet antagonisme. M. le docteur Bourneville (*De l'emploi de la Fève de Calabar dans le traitement du tétanos*, Société de Biologie, 1867; — *Mémoire sur l'antagonisme de la Fève de Calabar et de l'atropine*, *Revue photographique des Hôpitaux*, 1870; — voyez aussi la *Santé publique*, 1869, p. 44) s'est ensuite occupé du même sujet au point de vue expérimental. Enfin, dans un mémoire important lu le 29 mai 1871 et publié dans les *Transactions of the royal Society of Edinburgh*, le docteur Fraser (*An experimental research on the antagonism between the actions of Physostigma and Atropia*) a fait de très-nombreuses et très-curieuses expériences sur l'antagonisme complet qui existerait entre ces deux subtances. Les limites de notre travail ne nous permettent pas d'analyser ce volumineux mémoire, qui contient beaucoup de faits intéressants, mais dont les conclusions ne sont pas admises par tout le monde.

Comme l'action de la Fève de Calabar détermine sur les animaux des syptômes opposés à ceux de la strychnine, on avait cru que les deux poisons pourraient bien être aussi antagonistes. Mais toutes les expériences tentées dans ce but n'ont pas répondu aux espérances. Elles ont seulement démontré que la Fève de Calabar modifiait quelques-uns des symptômes produits par la strychnine, mais que dans aucun cas elle n'empêchait la mort.

Il y a des personnes qui pensent qu'il ne faut point abandonner les recherches tentées dans cette voie.

Le professeur Bennett (in *The Practitioner*, 1870, IV, 262) a aussi indiqué, entre le Chloral et la Fève de Calabar, un antagonisme que le résultat de ses expériences est loin de justifier.

CHAPITRE V.

THÉRAPEUTIQUE.

Comme tous les médicaments nouveaux, la Fève de Calabar a été employée dans beaucoup d'affections diverses. Notre intention n'est pas de faire connaître toutes ces tentatives, qu'on trouvera rapportées plus ou moins longuement dans les thèses qui ont déjà paru sur ce sujet, mais de dire ici très-brièvement dans quels cas on peut fonder quelque espoir sur l'emploi de la Fève de Calabar, ou mieux, de l'Esérine.

Nous avons vu, à propos de la physiologie, que la Fève de Calabar, appliquée topiquement sur l'œil, amenait un changement dans l'état de l'accommodation, changement suivi de myosis, et qu'en injection hypodermique ou par l'administration interne, elle produisait une dépression de la moelle, annoncée par une paralysie ascendante et progressive et une contraction tétanique des fibres lisses de l'économie et surtout de l'intestin. Ces trois ordres de phénomènes : changement d'accomodation et myosis dépression de la moelle amenant des phénomènes paralytiques, en enfin contractions quelquefois tétaniques de l'intestin et de la plupart des fibres lisses, nous rendent compte de l'emploi de ce médicament dans les affections oculaires, dans certaines maladies nerveuses et dans la constipation opiniâtre.

§ 1. — Maladies des yeux.

Journellement les oculistes dilatent les pupilles des malades dont ils veulent observer les yeux à l'ophthalmoscope, en y instillant quelques gouttes d'un collyre au sulfate d'atropine. Cette mydriase artificielle, qui s'accompagne toujours d'une paralysie de l'accommodation, est très-incommode pour les malades qui restent un certain temps avec la vue trouble. On la combat efficacement par un collyre au sulfate d'Esérine. Il faut seulement observer que l'atropine ayant une action beaucoup plus durable que l'Esérine, il sera nécessaire de recourir plusieurs fois, toutes les deux heures environ, à l'usage de cette dernière substance.

La Fève de Calabar réussit également bien dans la mydriase pathologique spontanée ou traumatique, qu'elle soit due à une cause rhumatismale, à la syphilis, à une tumeur de l'orbite, à l'angine diphthéritique et même à l'angine simple. Dans tous ces cas, la mydriase s'accompagne de paralysie de l'accommodation ; cependant, M. le docteur Galezowski, à qui nous devons d'utiles renseignements sur l'emploi de l'Esérine dans les maladies des yeux, nous a dit avoir observé, à la suite d'angine diphthéritique et même d'angine simple, rarement, il est vrai, une paralysie de l'accommodation non accompagnée de mydriase.

Dans le *Klinische Monatsblätter für Augenheilkunde von Dr Zehender* (XI Iahrgang, Februar-Marz, Erlangen, 1873) qui nous a été communiqué par M. le docteur Abadie, se trouve un article intitulé : *Nouvelles observations sur l'action du Calabar dans les paralysies de l'accommodation,* par M. Burowsen. L'auteur arrive à cette conclusion que, dans les mydriases et les paralysies passagères de l'accommodation, l'influence de la contraction de la pupille sur l'activité de l'accommodation n'est pas détruite, et que, par conséquent, on peut, en contractant artificiellement la pupille, amener un changement dans l'état d'accommodation de l'œil. C'est alors que le Calabar produit de bons résultats. Mais plus tard, la contraction de la pupille et l'accommodation sont deux phénomènes tout à fait indépendants, et alors le Calabar produit bien encore la contraction de la pupille, mais n'a plus aucune influence sur l'accommodation. Aussi l'auteur recommande-t-il d'insister sur l'emploi fréquent du Calabar quand la mydriase et la paralysie d'accommodation sont au début. A l'appui, il rapporte entre autres les deux observations suivantes.

1° Il a expérimenté sur lui-même. Depuis plus de trente ans ses yeux sont affectés de mydriase et de paralysie de l'accommodation, mais grâce à des verres positifs et négatifs convenablement choisis, l'accuité de sa vision est normale pour toutes les distances. En outre, ses yeux ne sont point atteints d'astigmatisme. Bien des fois il a employé le Calabar, et toujours il a constaté le résultat suivant : le médicament produisait la contraction de la pupille aussi vite et au même degré que sur des yeux sains, mais n'amenait aucun changement dans l'état de l'accommodation. Le *punctum remotum*, mesuré à son optomètre, restait invariable, et l'accommodation apparente qui avait lieu était due à la diminution du cercle de diffusion ; diminution liée nécessairement à la contraction de la pupille.

2° Le second fait concerne deux jeunes personnes passablement intelligentes, deux sœurs d'environ vingt ans. Elles étaient atteintes de mydriase et de paralysie passagère de l'accommodation semblables, d'après M. Burowsen, à ce qu'on observe dans l'état diphthéritique. Mais suivant son collègue Fröhlig, qui avait le premier soigné les deux malades, cette affection était due à un empoisonnement par des saucissons corrompus. Comme à l'époque où l'auteur fut appelé, il n'y avait plus trace de dépôts diphthéritiques dans le pharynx, l'étiologie reste incertaine. Voici l'état des deux malades : Les pupilles étaient dilatées, elles ne réagissaient plus sous l'action de la lumière et ne changeaient point de dimensions quand les malades regardaient les objets rapprochés et éloignés. Chez toutes les deux l'accommodation était complétement paralysée. L'aînée avait son *punctum remotum* à 60 pouces en-deça de l'infini, et l'autre à 60 pouces au-delà; aussi, pour voir au loin, les yeux de la première étaient-ils corrigés par des verres concaves — 60, et ceux de la seconde par des verres convexes + 60.

Toutefois, chez l'aînée qui était tombée malade un peu plus tôt, une accommodation de 60 à 30, et par conséquent de 1/60, paraissait assez vraisemblable. Chez les deux malades, le Calabar produisit, dans l'espace d'environ 20 minutes, une contraction excessive de la pupille, et l'optomètre fit voir: 1° que, chez l'aînée, le *punctum remotum* était à 30 pouces (corrigé par un verre concave — 30), et qu'il y avait accommodation jusqu'à 7 pouces, et par conséquent une puissance d'accommodation égale à 1/9; 2° que, chez la seconde, le *punctum remotum* était à 40 pouces, qu'il y avait accommodation jusqu'à 17 pouces, et par conséquent une puissance d'accommodation égale à 1/30.

Environ six semaines plus tard après le rétablissement complet des deux malades, leurs yeux furent de nouveau examinés à l'optomètre. Les pupilles se contractaient régulièrement sous l'influence de la lumière et pour la vision au loin et pour la vision au près. Toutes deux avaient les yeux faiblement hypermétropes, environ 1/20, et l'accommodation correspondant à leur âge était pour le *punctum proximum* de 8 pouces chez l'aînée, et de 9 pouces chez la plus jeune.

Nous avons cité cet article pour montrer que dans la mydriase et la paralysie de l'accommodation, c'est de bonne heure qu'il faut employer la Fève de Calabar, si l'on veut obtenir de bons résultats.

M. Giraldès a indiqué depuis longtemps l'emploi de la Fèvre de Calabar, alternativement avec l'atropine, pour dilater et contracter alternativement la pupille, et produire ainsi un mouvement de va et vient qui empêche les synéchies de se former, ou les déchire si elles ne sont pas trop adhérentes.

Dans les plaies et les ulcérations de la cornée, quand la hernie de l'iris est à craindre ou déjà effectuée, on comprend très-bien que l'Esérine, en contractant ce diaphragme et l'attirant vers le centre, empêche la hernie de cet organe, ou amène sa réduction si elle était déjà effectuée. Il existe dans la science de nombreux cas de guérison de cette nature.

Dans l'opération du glaucome, qui consiste à pratiquer l'iridectomie, Donders et de Graefe ont, depuis longtemps, conseillé une application préalable de la Fève de Calabar dans les cas où il y a dilatation excessive de la pupille, afin de rendre l'opération plus facile.

M. Galezowski emploie encore le sulfate neutre d'Esérine dans les circonstances suivantes.

1° Dans les abcès périphériques de la cornée, chez les vieillards, il l'emploie alternativement avec l'atropine, cette alternance amenant, dit-il, un état de dilatation et de contraction des vaisseaux qui active beaucoup la circulation et hâte la guérison.

2° Certaines formes d'iritis qui ont résisté à tous les autres moyens de traitement, cèdent quelquefois à l'action alternative de l'atropine et de l'Esérine. Cet heureux résultat tiendrait-il, comme parait le penser M. Galezowski, à un état de spasme dans le muscle dilatateur ou dans le muscle constricteur, spasme que l'emploi de ce médicament ferait cesser?

3° L'Esérine rend de très-utiles services dans le traitement des amblyopies alcooliques. Elle agit ici de deux façons. Dans cette affection, il y a presque toujours de la mydriase et de la photophobie comme conséquence. Or, l'Esérine, en contractant la pupille, diminue la photophobie, et permet au malade de mieux y voir. En outre, elle ferait cesser l'état de spasme des vaisseaux rétiniens et amènerait ainsi une amélioration très-rapide de la vision, à tel point que les malades qui lisaient à peine du n° 10 peuvent, après deux ou trois jours de ce traitement, lire du n° 3 et même du n° 2. Ce qui rend cette explication vraisemblable, c'est que, dans l'amblyopie alcoolique, on voit tantôt les vaisseaux très-dilatés et tantôt excessivement contractés, et celà à peu d'intervalle.

M. Galezowski a observé, d'accord avec le docteur Fraser et beaucoup d'autres observateurs, que l'instillation de l'Esérine dans les yeux détermine assez souvent des contractions du muscle orbiculaire; d'où il conclut que son emploi serait rationnel dans les paralysies de la septième paire.

§ 2. — **Maladies nerveuses.**

On a employé la Fève du Calabar dans certaines névralgies, dans la chorée et dans le tétanos. Le docteur Fraser dit l'avoir fait avec succès dans des cas de gastralgie et d'hystéralgie. Il rapporte dans sa Thèse un cas de névralgie lombaire qui aurait cédé, après trois jours, à des frictions faites avec la teinture ou l'extrait alcoolique de Fève, et un cas de gastralgie guérie en quelques jours par l'administration à l'intérieur de quelques gouttes de teinture.

On trouvera dans la thèse du docteur Navarro (77-82) cinq observations de cas de chorée traités par la Fève de Calabar, et sur lesquels on aurait eu deux guérisons complètes et une amélioration notable dans les trois autres cas.

Mais c'est surtout dans le tétanos qu'on a eu recours à la Fève de Calabar. Le docteur Navarro, qui avait des raisons particulières de s'occuper du traitement de cette maladie si commune et si terrible dans son pays (Ile de Cuba), a rapporté toutes les observations connues du tétanos traité par la Fève de Calabar. Sa thèse en contient dix-huit cas sur lesquels il y aurait eu cinq morts, douze guérisons, et un cas où le succès ne pourrait pas être attribué uniquement au médicament. C'est, en somme, la statistique la plus favorable à ce traitement qui mérite d'être encouragé.

On a encore employé la Fève de Calabar, mais sans grands résultats, dans des cas d'épilepsie, de contracture symptômatique des membres inférieurs, de paralysie agitante, de convulsions des enfants, etc.

§ 3. — Constipation.

En Angleterre, on emploie depuis quelque temps la Fève de Calabar dans le traitement de la constipation et de l'atonie du canal intestinal. (*British med. Journ.; Revue de thérap. médico-chir.*, in *Bull. thérap.*, 30 janvier 1873). M. le professeur G. Sée (ap. Navarro, 65), s'appuyant sur la contraction énergique que ce médicament exerce sur la fibre de l'intestin, pense qu'on pourrait l'employer pour combattre les diarrhées incoercibles qui dépendent d'une paralysie de l'intestin.

Il est question dans le chapitre suivant de la Fève de Calabar dans le traitement de l'empoisonnement par la belladone.

En terminant celui-ci, nous dirons que d'après

M. le docteur Vincent, les Faus ou Pahouins de l'Afrique tropicale et occidentale mélangent les fèves concassées à l'huile de palme, à l'huile d'*Owala* ou au beurre de Dika (*Irvingia gabonensis* ou *Barteri*). Ils obtiennent ainsi des pommades avec lesquelles ils font des frictions et des onctions qui les débarrassent des parasites.

CHAPITRE VI

TOXICOLOGIE.

Outre les expérimentations physiologiques que Christison et Fraser ont faites sur eux-mêmes et dont il a été question plus haut, la science possède un certain nombre de cas d'empoisonnement par la Fève de Calabar. Mais disons-le de suite, peu de ces empoisonnements ont été suivis de mort.

Le premier cas concerne deux jeunes bonnes qui, par curiosité, mangèrent environ cinq grains d'une fève. L'une d'elles, qui en avait absorbé environ la grosseur d'un petit pois, eut, quelques minutes après, l'envie de vomir. Elle éprouvait à l'épigastre la sensation d'une boule qui remontait jusqu'à la gorge. Étant sortie pour faire une course, elle se sentait de plus en plus mal, elle avait des étourdissements et ressentait une faiblesse générale qui la faisait marcher difficilement.

Ayant pris de l'eau chaude environ une heure après, elle vomit assez abondamment, puis elle

6

s'endormit. Les deux jours suivants, elle se sentait faible et légèrement indisposée.

Comme il n'est pas question de la compagne, il est probable qu'elle n'éprouva aucun accident.

Le second cas est dû au docteur David Young, d'Edimbourg : « Le 13 juin 1864, deux enfants rencontrèrent des Fèves de Calabar, qui avaient été cassées au marteau. Ils se hâtèrent naturellement de les manger ; le premier, âgé de trois ans, commença à en sentir l'effet au bout de trois quarts d'heure ; il eut du malaise, de la douleur à l'épigastre et des nausées ; pourtant il ne vomit point. Il fut pris en outre d'une sorte d'ivresse ; sa marche était chancelante et mal assurée, si bien qu'il tomba. Il était extrêmement abattu, avait très-mal à la tête et laissait tomber ses mains. On fit prendre à l'enfant une pinte de lait, et deux heures après, quand le docteur Young vint le voir, l'enfant était dans une prostration extrême, la pupille contractée et le pouls rare. On lui fit prendre plusieurs doses de vin d'ipécacuanha et l'on obtint bientôt des vomissements abondants, dans lesquels on reconnut également des morceaux de Fève de Calabar.

« Le second enfant, âgé de six ans, éprouva les mêmes symptômes ; il eut quatre ou cinq vomissements spontanés abondants dans lesquels on reconnut également des morceaux de Fève de Calabar. Il eut ensuite une forte diarrhée. Les accidents n'allèrent pas plus loin, et le lendemain les deux enfants étaient guéris. » (*Edinb. med. Journal,* X,

p. 192, août 1864, in TROUSSEAU et PIDOUX, *Traité de thérapeutique*, etc., II, .87, 8e édit.)

Le troisième cas concerne environ soixante enfants de Liverpool, qui avaient mangé des Fèves de Calabar qu'ils avaient trouvées dans un terrain inculte et qui provenaient de la cale du navire *le Commodore*. Ces fèves avaient-elles été recueillies avec le lest sur la côte de Calabar, ou provenaient-elles de sacs mal fermés? On n'en sait rien. Combien chaque enfant mangea-t-il de fèves? On ne le sait pas. On en cite un qui en mangea douze, qui guérit cependant, grâce sans doute aux vomissements qui se déclarèrent presque immédiatement.

Ces enfants, âgés pour la plupart de moins de sept ans, furent transportés à l'hôpital du Sud, service du docteur Cameron.

« Les accidents n'avaient pas tardé à se montrer, car, chez un enfant, les symptômes d'intoxication commencèrent aussitôt après l'ingestion ; chez deux autres, au bout de cinq à dix minutes seulement, et chez d'autres ce ne fut que deux heures et demie après. Fort heureusement, il y en eut un grand nombre qui vomirent peu de temps après l'ingestion, et l'observation ultérieure put montrer que plus le vomissement avait été précoce, moins l'action stupéfiante fut marquée. Les vomissements se composaient de restes d'aliments, de fragments de fève, d'une masse pulpeuse et de mucus.

« Les phénomènes produits par l'absorption furent d'abord les vertiges, l'abattement et quelques contractions spasmodiques de la mâchoire (7 fois sur 41 cas). Les enfants étaient surtout abattus, indolents, et dans une prostration extrême ; ils n'avaient cependant pas perdu connaissance. Ils semblaient anéantis, avaient la peau froide et couverte d'une sueur visqueuse; comme dans un des cas précédents, il y eut de la diarrhée (15 sur 41), et une fois des selles accompagnées d'hémorrhagie.

« Toutefois les phénomènes d'irritation gastro-intestinale ne furent pas de longue durée, car ils avaient en général cessé au moment de l'admission à l'hôpital. La pupille fut rarement rétrécie ; dans quinze cas, où l'examen fut fait à ce point de vue, l'on ne constata la constriction qu'une fois; on n'observa également que deux fois la confusion de la vue et la diplopie. Le système nerveux ne montra rien autre chose que les vertiges et l'abattement ; il n'y eut ni délire, ni troubles de la sensibilité, ni paralysie, ni convulsions autres que les mouvements spasmodiques des mâchoires dont il a été parlé plus haut. Le traitement consista dans des vomitifs (sulfate de zinc ou moutarde) et dans des enveloppements chauds; quelques sinapismes furent appliqués sur l'estomac.

« La plupart des enfants guérirent promptement : sur quarante et un, il y en eut trente de rétablis le lendemain. Sur les onze autres, neuf guérirent en quelques jours, et il n'y en eut, en définitive, que deux qui furent très-malades.

« La mère de l'un des enfants, âgée de trente-deux ans, avait mangé une fève, et ne sentit de malaise que le soir. Le lendemain, vers quatre heures, elle eut de la défaillance et se fit transporter à l'hôpital, où elle se remit en vingt-quatre heures. Il n'y eut, en tout, qu'un cas de mort. La victime fut un enfant de six ans et neuf mois, qui avait mangé six fèves. Il n'y avait point eu de vomissement, et l'on n'avait rien obtenu par la pompe stomacale. Il eut de la diarrhée et de la prostration, et mourut de syncope au bout de quatorze heures.

« On fit l'autopsie et l'on trouva dans l'estomac et le duodénum des matières demi-liquides qui avaient l'aspect d'émulsion d'amandes; la muqueuse de l'estomac et de l'intestin avait une couleur rouge-clair.

« Les autres organes ne présentaient que les caractères de la syncope. (*Observations recueillies* par le docteur J.-H. EVANS, *Med. Times and Gaz.*, 15 octobre 1864, et analysées *in Schmidt's Jahrb.*, 1865, I, p. 58.)

« Le docteur J. Baker Edwards fit l'examen du contenu de l'estomac. Il reconnut qu'il se composait d'émulsion de moutarde et de quelques restes de fèves. Il en put faire deux extraits qui offrirent les réactions suivantes : toutes deux pouvaient faire contracter la pupille d'un lapin ; leur solution prenait, au contact de la potasse caustique, une couleur rouge clair.

« En ajoutant du chloroforme, on remarquait que le liquide se séparait en deux couches, une supérieure jaune, et une inférieure rouge. L'acide sulfurique concentré donnait une coloration rouge avec un précipité brun foncé.

« L'acide sulfurique avec le bichromate de potasse, comme l'acide sulfurique avec le peroxyde de manganèse, donnait une coloration passant du violet au pourpre, et cette dernière couleur a persisté. L'iode, dans une solution d'iodure de potassium, a donné un précipité rouge. Le trichlorure d'or a donné une coloration purpurine avec réduction d'or métallique.

« Enfin, quelques gouttes de la solution aqueuse de cet extrait, injectées sous la peau du dos d'une grenouille, ont amené, au bout d'une heure, la paralysie du mouvement, et au bout de deux heures, une paralysie complète du sentiment.

« Le pouls et la respiration étaient irréguliers, et la grenouille mourut de syncope, comme deux souris qu'on avait traitées de la même manière et qui avaient présenté les mêmes symptômes paralytiques. (*Med. chir. Review*, XXXIX (68), p. 530, oct. 1864, et *Schmidt's Jahrb.*, loc. cit. in TROUSSEAU et PIDOUX, *Traité de Thérap. et de Mat. méd.*, II, 287, 8e édit.).

Voilà les seuls cas d'empoisonnement par la Fève de Calabar que nous ayons trouvés dans la science. Ils suffisent avec ce que nous savons de l'expérimentation physiologique pour nous en faire connaître les symptômes et le traitement. On remarquera que tous ceux qui ont eu des vomissements spontanés ont été vite rétablis. D'où l'indication pressante de donner immédiatement des vomitifs et d'employer la pompe stomacale en cas d'insuccès. Contre les accidents généraux, la faiblesse, l'abattement, le refroidissement, il faut employer les révulsifs ; enveloppement dans des couvertures chaudes, des boules d'eau chaude aux pieds et un large sinapisme sur le creux épigastrique et sur l'abdomen, comme dans le cas du docteur Christison. A l'intérieur, on administrera avec raison du café, du tannin, des boissons chaudes et sudorifiques. Les purgatifs agissent trop lentement pour qu'on puisse souvent les employer avec succès dans l'empoisonnement par une substance qui agit aussi rapidement.

Dans la partie physiologique, nous avons dit ce qu'il fallait penser du prétendu antagonisme de la strychnine et de l'Esérine. On ne pensera donc jamais à combattre les empoisonnements de l'un par l'autre.

Quoique la question ne soit pas encore complérésolue, nous n'en dirons pas autant de l'antagonisme de la Belladone et de l'Esérine, antagonisme sur lequel Kleinwachter (*Berl.* Klin. *Woschschr*, n° 38, 1804), a le premier appelé l'attention, dont M. Bourneville (*De l'emploi de la Fève de Calabar dans le traitement du tétanos* (Société de biologie, 1867). *Mémoire sur l'antagonisme de la Fève de Calabar et de l'atropine,* in *Revue photographique des Hopitaux,* 1870. Voy. aussi la *Santé publique,* 1869, n° 44), s'est également occupé au point de vue expérimental et qui a été l'objet d'un mémoire important du docteur Fraser (*De l'atropine comme antidote physiologique de l'action toxique de la Fève de Calabar,* traduction d'après le journal *The Practitioner,* février 1870, in *Bull. Thérap.*, 1871).

Si nous ne connaissons pas de cas d'empoisonnement par la Fève de Calabar qui ait été traité par l'atropine, il existe en revanche plusieurs cas d'empoisonnement par la Belladone et contre lesquels on a administré la Fève de Calabar avec succès.

Il y a notamment le cas de Kleinwachter auquel nous avons fait allusion plus haut. Nous en avons trouvé un autre dans le *Bulletin de Thérapeutique* (1872, t. 83, p. 561). Il ne serait donc point déraisonnable de recourir avec prudence aux injections sous-cutanées de sulfate d'atropine dans un cas d'empoisonnement par la Fève de Calabar, qui n'aurait pas cédé aux moyens indiqués plus haut; toutefois, nous ne connaissons pas un seul cas où l'on ait employé ce traitement. Comme la mort arrive ordinairement par asphyxie, on conseille d'employer la respiration artificielle.

Les recherches toxicologiques pourraient être faites en suivant la marche de J. Baker Edwards; nous ajouterons seulement, d'après Dragendorff (*Manuel de toxicologie,* traduction Ritter, 409-413), que l'alcaloïde peut-être retrouvé pendant un temps assez long dans l'intestin et l'estomac, car il est éliminé par la salive et la bile, et par suite, il séjourne assez longtemps dans le foie et le sang. L'élimination se faisant également par les reins, le chimiste ne devra jamais négliger l'analyse de l'urine. L'alcaloïde se décomposant facilement ne présente pas toujours les mêmes caractères. Ajoutons que dans leurs expériences, MM. Leven et Laborde (*op. cit.*) ont pu empoisonner des animaux avec le sang de ceux qui avaient succombé. Ce serait encore là un moyen d'expérimentation physiologique.

Il est aujourd'hui assez facile de caractériser l'Esérine au moyen des nombreux réactifs que nous avons indiqués plus haut, mais surtout au moyen de la rubrésérine de M. Duquesnel et du bleu d'Esérine de M. Petit. D'autant plus que la soude au contact du sulfate d'Esérine donne très-promptement du rouge qui ne tarde pas à passer en partie au vert, en partie au bleu, et que la potasse, après avoir passé au rouge, donne rapidement du bleu.

Quoiqu'il en soit, les réactions physiologiques, notamment la contraction de la pupille et la paralysie ascendante et progressive des animaux sont encore jusqu'à présent les preuves qui auront le plus d'importance devant la justice.

Dans les cas où les matières des vomissements et l'estomac contiendraient des fragments de fève, je crois qu'on pourrait se servir très-utilement des caractères anatomiques qui ont été exposés plus haut, et surtout des réactions que l'on peut faire sur les cotylédons, notamment celle avec la soude caustique.

Si l'Esérine avait été administrée en même temps que d'autres alcaloïdes, elle serait alors très-difficile à caractériser. La science ne possède pas encore de procédés pour la reconnaître en présence de l'aconitine et de l'atropine; la réaction de l'hypochlorite de chaux pourrait peut-être réussir dans ce cas (Dragendorff, *op. cit.*).

Le charbon animal en poudre a la propriété d'enlever l'Esérine aux dissolutions qui en contiennent, comme il le fait pour la strychnine et quelques autres alcaloïdes. On pourrait donc, dans les recherches toxicologiques, mettre les matières suspectes en contact avec du charbon, qu'on traiterait ensuite de façon à en retirer l'Esérine.

NOTA. M. le professeur Baillon nous a appris (*Communic. or.*), qu'il y a quelques années, à Calais, plusieurs personnes, notamment un douanier, avaient été empoisonnées en mangeant des Fèves de Calabar, dans des circonstances analogues à l'accident de Liverpool. Nous regrettons de ne pouvoir donner aucun renseignement sur cet empoisonnement dont nous n'avons pas trouvé la relation.

BIBLIOGRAPHIE (1)

DANIEL. On the natives of old Calabar, west coast of Africa, in Journ. of ethnol. Soc. of London, I, 28 janvier 1846.

CHRISTISON. The monthly Journal of medical science, 1855 vol. XX.

— Trans. roy. Soc., Edinb., 1855.

BALFOUR. Trans. roy. Soc., Edinb., XXII, 310, t. 16, 17.

TH. FRASER. On the characters, action and therapeutic uses of the ordeal bean of old Calabar, Edinburgh, 1862.

— On the antagonism between the action of Physostigma and Atropia, Edinb., 1870, et in Trans. roy. Soc. Edinb., 29 mai 1871.

— On the physiological action of the Calabar bean (Physostigma venenosum), in Trans. roy. Soc. Edinb. XXIV, 740, 1866-67.

— Atropia as a physiological antidote to the poisonous action of Physostigma, in *The Practitioner*,, février, 1870.

HART. The Lancet, mai 1863.

Ibid., janvier 1864.

LIEBREICH. Congrès ophthalmologique de Heidelberg, 1re séance, 1863, et Ann. d'oculist.

ARGYLL ROBERTSON. On the Calabar ordeal bean as a new agent

(1) Nous n'avons pas la prétention d'être complet, mais seulement d'indiquer la plupart des travaux sur la Fève de Calabar.

in ophthalmic medecine, in Edinb. med. Journ., VII, 2e part., 815, 1863.

— Note on Calabar bean, *ibid.*, juin 1863, p. 1115.

GIRALDÈS. De la Fève de Calabar, in Congrès médico-chirurgical de France, 1re session tenue à Rouen, 1863, p. 57.

— Comptes rendus hebdomadaires de l'Académie des sciences, 1863, p. 45.

— Bull. Thér., 15 mai 1868.

NEILL. The med. Tim. and Gaz., I, 491, 1863.

SOELBERG WELLS. The med. Tim. and Gaz., 16 mai 1863, I, 501.

NUNNELEY. The Lancet, II, 65, 1863.

DE GRAEFE. Deutsch Klinik, 1863, n° 29.

— Archiv. f. Ophth., Bd IX.

— Annal. d'oculist., 30 nov. 1866.

— Schmidt's Jahrb., I, 380, 1867.

HANBURY. In Pharmac. journ., sér. 2, IV, 559, in Journ. Pharm. et Chim., XLIV, 47, 1863.

WARLOMONT. Annal. d'oculist., sept. et oct. 1863.

— La Fève de Calabar, ses propriétés physiologiques et ses applications à la thérapeutique oculaire, 1863.

BUCHEN. In Bot. Zeit., n° 47, 1863.

HULKE. The Lancet, I, 717, 1863.

HOLMES COOTE. The Lancet, I, 348, 1864, et Mouv. méd., n° 52, 1867.

HARLEY. Med. Tim. and. Gaz., I, 61, 1864.

BOUVIER. Gaz. méd., n° 51, 775, 1861.

LOPEZ Junior. Étude sur la Fève de Calabar (Physostigma venenosum) Thèses de Paris, 1864, n° 197.

JOBST et HESSE. Annal. der Chem. und Pharm., CXIX, 115 ; Extrait dans le Journal de Pharmacie et de Chimie, mars 1864.

MATHOREL. De la Fève du Calabar (Physostigma venosum), Thèses de Paris, 1864, n° 225.

KLEINWACHTER. Berl. Klinik Wochenschr., n° 38, 1864, p. 369.

LEMAIRE. Bull. thér., LXVII, 79, 30 juillet 1864.

Réveil. Formulaire raisonné des médicaments nouveaux.
David Young. Edinb. med. Journ., X, 192, août 1864.
Hutchinson. Med. Tim. and Gaz., 3 sept. 1864.
J. Baker Edwards. Med. chir. Rev. XXXIX (68), p. 530, oct. 1864.
— In Schmidt's Jahrb., 1865.
Mettenheiner. Memorabilien, IX, 8, 1864.
Donders. Anomalies de l'accommodation et de la réfraction de l'œil, publié en 1864 par le New Sydenham Society.
Vée. Recherches chimiques et physiologiques sur la Fève de Calabar, Thèses de Paris, 1865.
J. H. Evans. Med. Tim. and. Gaz., 15 oct. 1864; in Schmidt's Jahrb., I, 58, 1865.
G. Lebon. Bull. thér., 1865.
— *Ibid.* 1866.
Vintschgau. Atti del Instituto veneto dei scienze, et Schmidt's Jahrb., V, 172, 1865.
— In Unters. z. Naturlehre, IX, 800, 1865.
Ogle. Med. Tim. and Gaz., sept. 1865.
— Schmidt's Jahrb. n° 4, p. 173, 1865.
— Bull. Thér., 1866.
— *Ibid.*, 30 mars 1867.
Frœnmuller. Deutsch Klinik, 35, 1865; in Husemann Toxicolog., suppl., 88-93.
Laschkemtsch. In Arch. f. pathol. Anat., XXXV, 291, 1865.
R. Lentz. Versuche ueber die Einwirkung des Calabarbohne alef den Blutkreislauf, 1865.
Tachau et Pick. Archiv. der Heilkunde, VI, 62, 1865.
Eben Watson. On the physiological actions of the ordeal bean of Calabar, and its antagonism to tetanus and strychnia poisoning, in Edinb. med. Journ., XII, 990, n° 14, 3 mai 1867.
— In Schmidt's Jahrb, n° 8, p. 158, 1867.
J. Ragow. Action de la Fève de Calabar et de la nicotine sur l'iris (in Henle et Pfeuffer, 3e sér., XXIX, 1867).
Westermann. Untersuchungen, über die Wirkungen des Calabarbohne, Dorpat, 1867.
— In Schmidt's Jahrb., n° 6, 290.

LASCHKEWICH. Remarques sur l'action physiologique de la Fève de Calabar, in Archiv. von VIRCHOW, 1866, et Mouv. méd., n° 33, 1867.

CAMPBELL. Gaz. med. Strasbourg, 1867 ; in Bull. thér., 30 nov. 1867.

CODEX *medicamentarius*, p. 447, Paris, 1866.

GUBLER. Comment. thér., 118-120.

G. PLANCHON. In Guibourt Drog. simpl., ed. 6, III, 380.

V. BEZOLD und GOTZ. Centralblatt, V, 16, 1867.

RÖBER. Ueber die Wirkungen des Calabarextractes auf Herz und Ruchenmark, Berlin, 1868.

ARSTEIN und SUSTSCHINSKI. Centralblatt, V, 40, 1867, Ausführlicher in Wurzb. Unters., III.

SWÉRON. La Santé pour tout le monde, ou Petit manuel d'hygiène, 1868.

BEZOLD et GOTZ. De quelques effets physiologiques de la Fève de Calabar, in Mouv. méd., n° 26, 1867.

BENTHAM et HOOKER. Genera plantarum, I, 538, n° 220.

TROUSSEAU et PIDOUX. Traité de thérapeutique et de matière médicale, 8e éd., II, 284, 1869.

NAVARRO. Etude sur la Fève de Calabar, Thèses de Paris, 1869, n° 250.

H. BAILLON. Histoire des plantes, II, 241, fig. 153, 154, 155; 1870.

BAKER. n Flora of tropical Africa edited by Dr Oliver, II, 191.

AUG. HUSEMANN et THÉOD. HUSEMANN. Die Pflanzenstoffe in chemischer, etc., p. 68, Berlin, 1871.

RABUTEAU. Eléments de Thérapeutique et de Pharmacologie, 543, 707; 1872.

CLÉM. PAPI. Gaz. méd., 8, 1869.

LEVEN et LABORDE. Recherches expérimentales sur l'action physiologique de l'Esérine, alcaloïde de la Fève de Calabar (Physostigma venenosum), Société de biologie, 29 mars 1869.

BOURNEVILLE. Mémoire sur l'antagonisme de la Fève de Calabar et de l'Atropine, in *Revue phot. des Hop.*, 1870.

— Santé publique, 1869, p. 44.

— Bull. Thérap.

PETIT. Sur une nouvelle matière colorante bleue dérivée de l'Esérine, in Compt. rend. Acad. sc., LXXII, 1871

DUQUESNEL. Bull. Thér., 15 sept. 1849.

— *Ibid.*, 30 juillet 1872.

BOUCHARDAT. Nouv. form. mag., 146, 1872.

GALEZOWSKI. Traité des maladies des yeux, 731.
(Consulter également la plupart des traités d'ophthalmologie.)

JACCOUD. Traité de Pathologie interne, I, 438, 449, 1872.

VINCENT. Sur la Fève d'épreuve du Calabar, in Journ. Pharm. et Chim., XV, 1872.

DRAGENDORFF. Manuel de Toxicologie, trad. RITTER, Paris, 1873.

Bulletin de Thérapeutique. LXXXIII, 561, 1872.

— Cas d'empoisonnement par la strychnine traité avec succès au moyen de la Fève de Calabar, LXXVI, 178-280, 1869.

Centralblatt. Wirkung der Bohne von Physostigma venenosum, 799, 1869.

— Beobachtungen über die Anwendung der Calabarbohne gegen Tetanus, par A. Monti, 1869.

— Calabarbohne bei Tetanus, IX, 1871, d'après The Lancet, II, n° 14, 1870.

— Bei diphtheritischen Accomodation Lähmung, IX, 159, 1871.

— Physostigmin als Herzgift, IX, 584, 1871.

— Calabar-Gegenwirkung gegen Atropin, X, 395, 1872.

— Eserin, X, 704, 1872.

— Physostigmin, X, 359, 1872.

Gazette hebdomadaire. Mémoire sur l'action physiologique de la Fève de Calabar et sur son antagonisme avec le tétanos et la strychnine, n°s 50 et 51, 1867.

BUROWSEN. Nouvelles observations sur l'action du Calabar dans les paralysies de l'accommodation in Klinische Monatsblætter fur Augenheilkunde, von Dr ZEHENDER, février-mars 1873; et dans le même recueil, Ueber den Gebrauch des Calabarbohnextractes bei Hornhautfisteln.

BENNET. On Chloral in Pthisis and its antagonism to the poisonous effects of Calabar bean, in *The Practitioner* (1870), IV, 262.

BARTHOLOW. Essai on Atropia, 1869.

GRIFFON du BELLAY, in Le Tour du Monde, XII, n° 305.

FIN

Paris. — Imp. PILLET fils aîné, rue des Grands-Augustins, 5.

www.ingramcontent.com/pod-product-compliance
Ingram Content Group UK Ltd.
Pitfield, Milton Keynes, MK11 3LW, UK
UKHW031926260826
14628UKWH00003B/1438

9 782013 657051